Quaderni di **esercizi**

Francese

Intermedi

di
Estelle Demontrond-Box

traduzione e adattamento in italiano di
Francesca Melle

Assimil Italia s.a.s.
C.P. 80 - 10034 Chivasso (TO)
info@assimil.it

www.assimil.it

© Assimil Italia 2021   ISBN: 978-88-85695-42-9

In questo quaderno

Con circa 180 esercizi suddivisi in 15 capitoli, questo quaderno vi darà l'opportunità di ripassare in modo semplice e progressivo i principali elementi di base della grammatica francese, dalla pronuncia e punteggiatura fino alla concordanza verbale.

Facile da usare e corredato di simpatici disegni a colori, il quaderno è stato concepito per chi conosce il francese a un livello intermedio. Include numerosi esercizi divertenti e ludici con le relative soluzioni, distribuiti secondo una progressione logica degli argomenti. Ogni aspetto della lingua è stato preso in considerazione, dalla pronuncia all'accentazione, dalla grammatica al lessico e alla sintassi.

Il quaderno vi dà anche la possibilità di autovalutarvi: dopo aver svolto ogni esercizio e verificato la soluzione (da pagina 119), disegnate l'espressione dell'icona che compare sulla destra: ☺ se la maggior parte delle risposte è esatta, 😐 se è corretta circa la metà, ☹ se lo è meno della metà. Alla fine di ciascun capitolo, riportate nello schema il numero di icone relative agli esercizi e, alla fine del quaderno, calcolate il totale riportando le icone dei capitoli nello schema generale di pagina 128!

Indice

1. Pronuncia e punteggiatura 3
2. Nomi (generi e numeri) e articoli (determinativi, indeterminativi e partitivi) 12
3. Pronomi (*en, y,* tonici, relativi) 21
4. L'indicativo imperfetto e il condizionale presente 30
5. Discorso diretto e discorso indiretto 39
6. Verbi impersonali ed espressioni idiomatiche 46
7. Aggettivi e pronomi indefiniti 53
8. La voce passiva 59
9. Preposizioni e locuzioni prepositive 65
10. L'indicativo trapassato prossimo 71
11. L'indicativo passato remoto e trapassato remoto 77
12. Aggettivi e pronomi dimostrativi 85
13. L'indicativo futuro semplice e futuro anteriore 91
14. La concordanza dei tempi 99
15. Ripasso 108
Soluzioni 119
Autovalutazione 128

1. Pronuncia e punteggiatura

Trascrizione fonetica adottata

Suono francese	Equivalente italiano
s<u>a</u>, l<u>à</u>, f<u>e</u>mme	[a] di campo
<u>â</u>ne, b<u>a</u>s	[a:] Come sopra ma leggermente più lunga
th<u>é</u>, s<u>es</u>, parl<u>er</u>, rest<u>ez</u>	[e] chiusa di cera
r<u>è</u>gle, f<u>ê</u>te, ouv<u>er</u>t, ch<u>ai</u>se, r<u>ei</u>ne	[E] aperta di presto
<u>î</u>le, s<u>i</u>, m<u>y</u>the	[i] di isola
h<u>o</u>mme, <u>o</u>r, P<u>au</u>l	[O] aperta di poco
dr<u>ô</u>le, r<u>o</u>se, s<u>au</u>t, bat<u>eau</u>	[o] chiusa di nome
<u>où</u>, p<u>ou</u>r	[u] di urna
m<u>e</u>, l<u>e</u>çon	[ë] Suono chiuso, simile a [œ]
sam<u>e</u>di	Vocale muta, nessuna trascrizione
p<u>eu</u>, n<u>œu</u>d	[ø] Suono a metà fra [e] e [o], chiuso
j<u>eu</u>ne, s<u>œu</u>r	[œ] Suono a metà fra [e] e [o], aperto
t<u>u</u>	[ü] Suono a metà fra [i] e [u]
<u>ou</u>est, <u>ou</u>i	[w] Come la [u] semiconsonantica di uomo
<u>y</u>eux, pa<u>y</u>er, trava<u>il</u>, bi<u>ll</u>et, abe<u>ill</u>e, grenou<u>ill</u>e, feu<u>ill</u>e	[j] Come la [i] semiconsonantica di ieri
<u>b</u>alle	[b] di base
<u>c</u>arte, <u>k</u>aki, <u>qu</u>art	[k] di cane
<u>ch</u>ou, <u>sh</u>ampooing	[sh] di scena
<u>d</u>anse	[d] di dado
<u>f</u>rère, <u>ph</u>oto	[f] di figlio
<u>g</u>arage	[g(h)] di gola
<u>j</u>our, gara<u>g</u>e	[ž] Versione sonora di [sh]
<u>h</u>omme	Sempre foneticamente muta come in italiano
<u>l</u>ampe	[l] di luna
<u>m</u>ère	[m] di madre

3

CAPITOLO 1: PRONUNCIA E PUNTEGGIATURA

Suono francese	Equivalente italiano
<u>n</u>ez	[n] di **n**aso
ré<u>gl</u>isse	sempre [gl] di in**gl**ese
li<u>gn</u>e	quasi sempre [gn] di **gn**omo
<u>p</u>ère	[p] di **p**adre
<u>r</u>ouge	[R] velare
<u>s</u>ous, pla<u>c</u>e, <u>ç</u>a, op<u>t</u>ion, di<u>x</u>	[s] sorda di **s**ole
<u>t</u>ortue	[t] di **t**avolo
<u>v</u>ert	[v] di **v**erde
ta<u>x</u>i	[ks] di ta**x**i
e<u>x</u>amen	[gz] Versione sonora di [ks]
<u>z</u>éro, di<u>x</u>-huit, va<u>s</u>e	[z] come la s sonora di a**s**ma
Vocali e gruppi vocalici * nasali: bl<u>an</u>c, ch<u>am</u>p, <u>em</u>brasse / v<u>in</u>, fr<u>ein</u>, l<u>oin</u> / s<u>on</u> / br<u>un</u>, parf<u>um</u> / …	Sono nasali quando seguiti da 'n' o 'm' + consonante oppure finali di parola. Si tratta delle pronunce nasalizzate delle vocali a [a^n], e aperta [E^n], o chiusa [o^n], œ [œ^n].

* combinazioni di due o più vocali in una sola sillaba, percepite il più delle volte come un unico suono.

1 Usate la trascrizione fonetica della tabella per scrivere la pronuncia delle seguenti parole ed espressioni francesi, poi aggiungetene la traduzione italiana.

a. [o RëvwaR]   → ....   → ....

b. [salü]   → ....   → ....

c. [bjE^{n}vënü]   → ....   → ....

d. [a bjE^{n}to]   → ....   → ....

e. [mësjø]   → ....   → ....

f. [žë mapEl]   → ....   → ....

g. [bOn nüi]   → ....   → ....

CAPITOLO 1: PRONUNCIA E PUNTEGGIATURA

Curiosità

La bise (*il bacio sulle guance*) è ancora più comune in Francia che in Italia come modo per salutare qualcuno, soprattutto in ambito familiare o amichevole; può capitare anche in occasione di un primo incontro, soprattutto fra donne. Il numero di baci (2 come da noi, ma anche 3 o 4) e il lato da cui si inizia dipendono dalla regione… attenzione alle nasate!

2 Con l'aiuto della tabella, scrivete la pronuncia delle seguenti parole ed espressioni francesi e poi aggiungetene la traduzione italiana.

a. Madame → .... → ....
b. Ça va → .... → ....
c. Coucou → .... → ....
d. Bonsoir → .... → ....
e. À demain → .... → ....
f. Allô → .... → ....
g. Bonne journée → .... → ....

La punteggiatura (*La ponctuation*)

L'apostrophe [lapOstROf]	*L'apostrofo*
Les deux-points [le dø pwE^n]	*I due punti*
Les guillemets [le ghijmE]	*Le virgolette*
Le point [lë pwE^n]	*Il punto (fermo)*
Le point d'exclamation [lë pwE^n dEksklamasjo^n]	*Il punto esclamativo*
Le point d'interrogation [lë pwE^n dE^{n}tEROgasjo^n]	*Il punto interrogativo*
Le point-virgule [lë pwE^n viRgül]	*Il punto e virgola*
La virgule [la viRgül]	*La virgola*

CAPITOLO 1: PRONUNCIA E PUNTEGGIATURA

 3 Collegate i segni di punteggiatura con i loro nomi francesi.

: •   • Le point-virgule
« » •   • Le point
, •   • Le point d'exclamation
. •   • Les deux-points
? •   • Les guillemets
! •   • La virgule
; •   • Le point d'interrogation

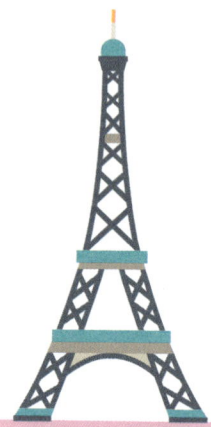

La virgola *(La virgule)*

In francese, come in italiano, la virgola serve a marcare una breve pausa e a separare gli elementi di una lista, nonché a esprimere i numeri decimali.

Viene sempre indicata prima di **etc.**, mentre prima dell'italiano *ecc.* è facoltativa (**J'ai visité des capitales : Paris, Londres, Madrid, etc.**); in genere compare prima della congiunzione **mais** (**Rachid voulait aller au marché, mais sa sœur préferait rester à la maison.**), tranne quando gli elementi coordinati sono brevi (**Sylviane est gentille mais bavarde.**) Normalmente non c'è virgola prima della congiunzione **et: J'ai mangé un croissant, une pomme et un yaourt.**

Nota: analogamente all'italiano, anche il francese tende a non separare le frasi coordinate da **et** o **ou: Elle aime les maths et elle adore l'E.P.S.** Stesso discorso in presenza di **ni**, eccetto se gli elementi espressi sono più di due: **Tu ne parles ni l'italien ni le portugais**, ma: **Elle ne parle ni l'italien, ni l'espagnol, ni l'allemand.**

 4 Segnate le virgole quando necessarie nelle seguenti frasi.

a. Elle joue au football et au tennis.
b. Je ne veux ni sucre ni lait dans mon café merci.
c. Il y a environ 68 000 spectateurs dans le stade aujourd'hui.
d. Carole et Lou ne jouent ni du violon ni de la flûte ni du piano.
e. Nous avons vu Sophie, Carlos et Paulette.
f. Les tomates ont augmenté de 3,5 %.
g. Tu es déjà allé en Espagne mais tu n'es jamais allé au Portugal ?

CAPITOLO 1: PRONUNCIA E PUNTEGGIATURA

L'apostrofo *(L'apostrophe)*

Si usa per indicare l'elisione di una vocale davanti a un'altra vocale o alla cosiddetta *h muta* (**h muet**), che si comporta come una vocale. L'articolo determinativo singolare **l'** funziona come in italiano e sostituisce **le** o **la**: **La + histoire → L'histoire**; **Le + éléphant → L'éléphant**.

Con la *h aspirata* (**h aspiré**, in realtà foneticamente muta anch'essa ma dal comportamento di consonante), l'apostrofo non è ammesso: **La Hollande**; **le haricot**.

L'apostrofo è obbligatorio, prima di vocale e h muta, per alcuni pronomi personali (**je**, **me** e **te**), la preposizione **de**, **ce** prima di **est** e la negazione **ne**.

5 Inserite gli apostrofi dove necessario nelle seguenti frasi.

a. Tous les soirs, je écoute de la musique.
b. Ce est la fin de le automne. Le hiver sera bientôt là !
c. Parle plus fort ! Il ne te entend pas !
d. Il ne arrivera pas avant huit heures ce soir.
e. Le chien de Arthur a disparu !
f. Je irai en Grèce mais je ne irai pas en Espagne.

Il trattino *(Le trait d'union)*

Più usato che in italiano, in francese il trattino serve a collegare gli elementi di termini o espressioni composte. Lo troviamo nei nomi composti (**grand-père**), nei nomi propri duplici (**Marie-France**), in certe espressioni (**c'est-à-dire**, *cioè*), tra imperativo e pronome personale (**vas-y**, **attends-moi**), nelle inversioni (**peux-tu**, **irez-vous**) e in presenza di prefissi (**non-fumeur**).

Compare anche tra decine e unità nei numeri scritti in lettere (**856 = huit cent cinquante-six**).

6 Ripasso: completate.

I numeri cardinali *(Les nombres cardinaux)*

1	un / une		5	cinq
2	deux		6	six
3	trois		7	sept
4	quatre		8	huit

CAPITOLO 1: PRONUNCIA E PUNTEGGIATURA

9	....	71	soixante et onze
10	dix	72	soixante-douze
11	onze	73	soixante-treize
12	douze	74	soixante-quatorze
13	treize	75	soixante-quinze
14	....	76	....
15	quinze	77	soixante-dix-sept
16	seize	78	soixante-dix-huit
17	....	79	soixante-dix-neuf
18	dix-huit	80	quatre-vingts
19	dix-neuf	81	quatre-vingt-un
20	vingt	82	....
21	....	90	quatre-vingt-dix
22	vingt-deux	91	quatre-vingt-onze
30	trente	92	quatre-vingt-douze
31	trente et un	100	cent
32	trente-deux	101	cent un
40	quarante	102	cent deux
41	quarante et un	200	....
42	quarante-deux	201	deux cent un
50	cinquante	202	deux cent deux
51	cinquante et un	1000	mille
52	cinquante-deux	2000	deux mille
60	soixante	2001	deux mille un
61	soixante et un	2002	deux mille deux
62	soixante-deux	100 000	cent mille
70	....	1 000 000	un million

CAPITOLO 1: PRONUNCIA E PUNTEGGIATURA

7 **Completate queste regole riguardanti i numeri cardinali.**

a. Si scrive il trattino fra .... e unità tranne che in presenza della congiunzione .... (questa può precedere solo il numero 1).

b. Nel francese scritto si aggiunge una .... alle ventine e alle .... quando sono precedute da una cifra ma non sono seguite da un'altra cifra (**quatre-vingts** ma **quatre-vingt-deux**; **deux cents** ma **deux cent vingt**).

c. **Mille** non prende mai la .... al plurale, è ....

d. I numeri sono di genere .... (**Je serai en France le 6 et le 11 avril**).

e. .... è l'unico numero cardinale che concorda con il nome in genere ma non in numero (.................... **sucre** – .... **tomate**).

Il plurale dei nomi composti
(Le pluriel des mots composés)

Termine composto		Esempi
Nome + Nome Aggettivo + Aggettivo Nome + Aggettivo	Entrambi gli elementi vanno al plurale	**Des bateaux-mouches**, *battelli fluviali* **Des sourds-muets**, *sordomuti* **Des grands-parents**, *nonni*
Avverbio + Nome Invariabile + Nome Preposizione + Nome Verbo + Nome	Solo il nome diventa plurale	**Des arrière-cours**, *cortili (sul retro)* **Des non-lieux**, *non luogo a procedere* **Des en-têtes**, *intestazioni* **Des couvre-lits**, *copriletti*
Verbo + Verbo	Nessuna variazione	**Des laissez-passer**, *lasciapassare*
Nome + Preposizione + Nome	Solo il primo nome diventa plurale	**Des arcs-en-ciel**, *arcobaleni*

Nota: ci sono delle eccezioni!

CAPITOLO 1: PRONUNCIA E PUNTEGGIATURA

8 Scrivete il plurale di ognuno di questi termini composti e poi traduceteli in italiano.

a. Un savoir-faire → des .... → ....

b. Un chou-fleur → des .... → ....

c. Une belle-fille → des .... → ....

d. Un après-midi → des .... → ....

e. Un tire-bouchon → des .... → ....

f. Un chef-d'œuvre → des .... → ....

Le virgolette (Les guillemets)

Le virgolette francesi, o basse doppie « », sono più usate delle virgolette italiane, o apici doppi " ".

Si usano per mettere in evidenza una parola, per citare un titolo o nel discorso diretto. Sono spesso precedute dai due punti.

Nota: sono sostituite da virgole negli incisi del discorso diretto (« **Regardez, dit-il soudain, il pleut !** ») e sono sempre seguite e precedute da uno spazio.

Espressioni: *Aperte virgolette*, **Ouvrez les guillemets** – *Chiuse virgolette*, **Fermez les guillemets**.

9 Inserite le virgolette dove necessario nelle seguenti frasi.

a. Jacques a dit : Tu dois aller te coucher.

b. Je lui ai dit de parler plus fort.

c. Ah oui, je vois… Il a encore oublié de faire ses devoirs !

d. Le dernier livre de Philippe Labro s'intitule Ma mère, cette inconnue.

e. Je ne comprends pas le mot îlet dans cette phrase.

CAPITOLO 1: PRONUNCIA E PUNTEGGIATURA

 Collegate i seguenti modi di dire francesi, ispirati alla punteggiatura, ai loro corrispettivi italiani.

Un point c'est tout
(lett.> *un punto è tutto*) • • *Aprire una parentesi*

Mettre les points sur les i • • *Alla lettera*

Entre parenthèses • • *Mettere i puntini sulle i*

Ouvrir une parenthèse • • *Punto e basta*

À la virgule près
(lett.> *alla virgola vicino*) • • *È la questione di fondo*

C'est le point d'interrogation.
(lett.> *è il punto interrogativo*) • • *Tra parentesi / Tra l'altro*

Complimenti!
Avete terminato il capitolo 1!
Ora contate le vostre icone trascrivendone il totale qui a fianco e poi riportatelo a p. 128.

Nomi (generi e numeri) e articoli (determinativi, indeterminativi e partitivi)

Il genere dei nomi *(Le genre des noms)*

Come in italiano, i sostantivi francesi si distinguono in maschili e femminili.

Le persone e gli animali di sesso maschile sono al maschile, lo stesso vale al femminile: **Un homme**, *un uomo* – **Une femme**, *una donna* – **Le père**, *il padre* – **La mère**, *la madre* – **Le chien**, *il cane* – **La chienne**, *la cagna*.

Diversi nomi come quelli di mestiere hanno una forma distinta per il maschile e una per il femminile: **Le chanteur,** *il cantante* / **La chanteuse,** *la cantante*.

La regola generale prevede l'aggiunta di una **-e** al maschile per formare il femminile di un sostantivo. Ma molte desinenze si trasformano più radicalmente: **-er** ➜ **-ère**; **-en** ➜ **-enne**; **-an** ➜ **-anne**; **-on** ➜ **-onne**; **-eur** ➜ **-euse**; **-at** ➜ **-atte**; **-f** ➜ **-ve**; **-x** ➜ **-se**.

I nomi già terminanti in **-e** al maschile non si modificano, come in italiano: **un/une élève**, *un allievo/un'allieva*; alcuni nomi di mestiere non hanno femminile grammaticale (**un médecin,** *un medico*).

1 Le parole dello schema qui sotto sono maschili, femminili o entrambi? Mettete le crocette.

	F	M	F/M
a. Grand-père	☐	☐	☐
b. Avocate	☐	☐	☐
c. Chatte	☐	☐	☐
d. Secrétaire	☐	☐	☐
e. Cousin	☐	☐	☐
f. Frère	☐	☐	☐
g. Sœur	☐	☐	☐
h. Élève	☐	☐	☐

CAPITOLO 2: NOMI E ARTICOLI

I mestieri *(Les métiers)*

Un architecte [aRshitEkt] / **Une architecte**	*Un architetto*
Un artisan [aRtizaⁿ] / **Une artisane** [aRtizan]	*Un artigiano / Un'artigiana*
Un artiste [aRtist] / **Une artiste**	*Un/Un'artista*
Un charpentier [shaRpaⁿtje] / **Une charpentière** [shaRpaⁿtjER]	*Un carpentiere*
Un enseignant [aⁿsEgnaⁿ] / **Une enseignante** [aⁿsEgnaⁿt]	*Un/Un'insegnante*
Un gérant [žeRaⁿ] / **Une gérante** [žeRaⁿt]	*Un gestore / Una gestrice*
Un informaticien [EⁿfORmatisjEⁿ] / **Une informaticienne** [EⁿfORmatisjEn]	*Un informatico / Un'informatica*
Un ingénieur [EⁿženjœR] / **Une ingénieure**	*Un ingegnere*
Un journaliste [žuRnalist] / **Une journaliste**	*Un/Una giornalista*
Un mécanicien [mekanisjEⁿ] / **Une mécanicienne** [mekanisjEn]	*Un meccanico*
Un médecin [medsEⁿ] / **Un médecin**	*Un medico*
Un plombier [ploⁿbje] / **Une plombière** [ploⁿbjER]	*Un idraulico*
Un pompier [poⁿpje] / **Une pompière** [poⁿpjER]	*Un pompiere*
Un psychologue [psikOlOg] / **Une psychologue**	*Uno psicologo / Una psicologa*

Nota: in francese non si mette mai l'articolo quando si parla del mestiere di qualcuno: *È (un) insegnante / Fa l'insegnante.* = **Il est enseignant.**

CAPITOLO 2: NOMI E ARTICOLI

2 Scrivete il femminile o il maschile dei seguenti mestieri a seconda dei casi.

a. Un artiste → Une ....
b. Une mécanicienne → Un ....
c. Un psychologue → ....
d. Une gérante → ....
e. Un artisan → ....
f. Un informaticien → ....
g. Une plombière → ....

3 Traducete in francese le frasi che seguono.

a. Sono una psicologa. → ....
b. Fa il medico. (F) → ....
c. Sei carpentiere. → ....
d. Sono ingegnere. → ....
e. Fai l'artigiana. → ....
f. È un giornalista. → ....

Il numero dei nomi *(Le nombre des noms)*

- Per formare il plurale (*P*) della maggior parte dei nomi, si aggiunge una **-s** finale alla forma singolare: **une fille** → **des filles**.
- Se il nome finisce in **-s**, **-x** o **-z** rimane invariabile al plurale: **le fils** → **les fils** ; **la croix** → **les croix** ; **le nez** → **les nez**.
- La maggior parte dei nomi in **-al** e alcuni in **-ail** prendono la desinenza **-aux** al plurale: **le cheval** → **les chevaux** ; **le travail** → **les travaux**.
- Se il nome singolare finisce in **-eu**, **-au** o **-eau**, il plurale aggiunge una **-x**: **le lieu** → **les lieux** ; **le noyau** → **les noyaux** ; **le château** → **les châteaux**.

CAPITOLO 2: NOMI E ARTICOLI

4 Scrivete il plurale dei seguenti nomi singolari.

a. Un pays → des ....
b. Un animal → des ....
c. Un cheveu → des ....
d. Une voix → des ....
e. Une chambre → des ....
f. Un canal → des ....
g. Un bateau → des ....

5 Collocate i plurali dei seguenti nomi nella giusta colonna della tabella, come nell'esempio.

cadeau   neveu   maison   bras   jour   local   manteau   enfant
hôpital   bureau   cheval   dos   fois   journal   jeu

Plurale in -s	Plurale invariabile	Plurale in -aux	Plurale in -x
			cadeaux

Gli articoli determinativi (Les articles définis)

In francese hanno quattro forme e funzionano come quelli italiani:
Le per un maschile che inizia per consonante o h aspirata: **le père**
La per un femminile che inizia per consonante o h aspirata: **la mère**
L' per i singolari di ambo i generi che iniziano per vocale o **h** muta: **l'île, l'hôtel**
Les per tutti i plurali: **les parents**, **les danseuses**.

Genere	Singolare	Plurale
Maschile	le, l'	les
Femminile	la, l'	les

CAPITOLO 2: NOMI E ARTICOLI

La famiglia *(La famille)*

La mère [mER]	*La madre*	**L'oncle** [oⁿkl]	*Lo zio*
Le père [pER]	*Il padre*	**La tante** [taⁿt]	*La zia*
Le frère [frER]	*Il fratello*	**Le grand-père** [gRaⁿpER]	*Il nonno*
La sœur [sœR]	*La sorella*	**La grand-mère** [gRaⁿmER]	*La nonna*
Le fils [fis]	*Il figlio*		
Le cousin [kuzEⁿ]	*Il cugino*	**La cousine** [kuzin]	*La cugina*
Les enfants [lezaⁿfaⁿ]	*I figli / I bambini*	**Les parents** [paRaⁿ]	*I genitori*
Les grands-parents [gRaⁿpaRaⁿ]	*I nonni*	**Les petits-enfants** [pëtizaⁿfaⁿ]	*I nipoti* (di nonni)
Le neveu [nëvø]	*Il nipote* (di zii)	**La nièce** [njEs]	*La nipote* (di zii)
Le mari [maRi] / **L'époux** [epu]	*Il marito*	**La femme** [fam] / **L'épouse** [epuz]	*La moglie*
La fille [fij]	*La figlia*		

6 **Cerchiate l'articolo corretto.**

a. Le / La / L' / Les épouse de Lucas est très gentille.
b. Le / La / L' / Les cousine de Karine est vraiment jolie.
c. Le / La / L' / Les mari de Claudette n'est pas grand.
d. Le / La / L' / Les fille de Martine a deux chiens et un chat.

7 **Unite ciascun termine alla sua traduzione italiana.**

Le neveu • • *Il figlio*

La femme • • *I figli*

Le fils • • *La zia*

L'époux • • *Il nipote* (di zii)

Les enfants • • *La sorella*

La tante • • *Il marito*

La sœur • • *Lo zio*

L'oncle • • *La moglie*

CAPITOLO 2: NOMI E ARTICOLI

De o à per esprimere l'appartenenza
(Exprimer la possession avec « de » ou « à »)

In francese l'appartenenza si esprime con la preposizione **de** fra due nomi e fra un nome e un pronome che non sia personale: **la voiture de Paul** ; **c'est le chat de mon cousin**.
Se la relazione è tra un nome e un pronome personale, invece, si usa la preposizione **à**: **mon livre à moi**. Stessa costruzione con i nomi quando sono preceduti dai verbi **être** e **appartenir**: **cette voiture est au facteur**.

8 Traducete in francese le seguenti frasi.

a. È la casa di Julie. → ....
b. Questa casa è di Julie. → ....
c. Il fratello di Murielle si chiama Mathias.
→ ....
d. Questo orologio appartiene a Camille.
→ ....
e. Questo orologio è suo (= di lei).
→ ....

Gli articoli indeterminativi (Les articles indéfinis)

Un, **une** e **des** sono gli articoli indeterminativi francesi: **un** per i nomi maschili, **une** per i femminili e **des** per tutti i plurali.

Un e **une** non si possono usare prima di un sostantivo indicante mestiere, religione, ecc. (tranne in presenza di **c'est**: **C'est <u>un</u> bon coiffeur.** → *È <u>un</u> bravo parrucchiere.*), né dopo una negazione: **Nous n'avons pas <u>de</u> maison.** → *Non abbiamo <u>una</u> casa*, tranne che con il verbo **être**: *Non è un giocattolo.* → **Ce n'est pas un jouet.**

Des non si può usare prima di un sostantivo indicante mestiere, religione, ecc. (tranne in presenza di **ce sont**: **Ce sont <u>des</u> médecins.** → *Sono medici.*), né dopo una negazione: **Vous n'avez pas <u>de</u> fleurs.** → *Non avete fiori.*

CAPITOLO 2: NOMI E ARTICOLI

9 Completate le seguenti frasi con l'articolo indeterminativo appropriato, quando necessario.

a. Il y a .... fille à la boulangerie.
b. C'est .... pompier très professionnel.
c. Quelle .... cuisinière extraordinaire !
d. Nous avons .... chiens très gentils.
e. Elle est .... mécanicienne.
f. Il est .... catholique.

10 Traducete in francese le seguenti frasi.

a. Che cena deliziosa! → ....
b. Sono giornalisti. → ....
c. Hanno degli alberi in giardino. → ....
d. Non abbiamo matite in cucina. → ....
e. Ha *(f.)* una sorella e due fratelli. → ....

Gli articoli partitivi *(Les articles partitifs)*

I partitivi francesi corrispondono ai nostri *del/dello/della/dell'* e *dei/degli/delle*, con la stessa funzione di indicatori di quantità indeterminate. Se in italiano possiamo spesso farne a meno, in francese sono quasi sempre necessari: *Ho amici/degli amici in Francia.* → **J'ai des amis en France.**

Genere	Singolare	Plurale
Maschile	**du / de l'**	**des**
Femminile	**de la / de l'**	**des**

Quando il nome è preceduto da un avverbio di quantità, **de** o **d'** sono le forme da usare: **Elle a des pâtes.** → **Elle a beaucoup de pâtes.**

Se il nome plurale è preceduto da un aggettivo, si usa **de**: **Elle a de beaux yeux**.

I partitivi sono sostituiti da **de** anche dopo le negazioni, mentre fra **sans** e il nome non compare nulla: **Il a des haricots.** → **Il n'a pas de haricots ; Sans peine**.

Se in un elenco vi sono partitivi, essi accompagnano ciascun nome: **Sur la table il y a de l'eau, du pain, des tomates et de la salade.**

CAPITOLO 2: NOMI E ARTICOLI

Alimenti e bevande (*Les aliments et les boissons*)

Le beurre [bœR]	*Il burro*	**La nourriture** [nuRitüR]	*Il cibo*
Les boissons gazeuses [bwasoⁿ gazœz]	*Le bibite gassate*	**L'œuf** [œf] / **Les œufs** [ø]	*L'uovo / Le uova*
Le café [kafe]	*Il caffè*	**La pâtisserie** [patisRi]	*I dolci*
La carotte [kaROt]	*La carota*	**Le plat** [pla]	*Il piatto* (vivanda)
Les cerises [sëRiz]	*Le ciliegie*	**La poire** [pwaR]	*La pera*
Les champignons [shaⁿpignoⁿ]	*I funghi*	**Le poulet** [pule]	*Il pollo*
Le citron [sitRoⁿ]	*Il limone*	**Le raisin** [REzEⁿ]	*L'uva*
La confiture [koⁿfitüR]	*La marmellata*	**Le repas** [Rëpa]	*Il pasto / Il pranzo / La cena*
La framboise [fRaⁿbwaz]	*Il lampone*	**Le riz** [Ri]	*Il riso*
Les frites [fRit]	*Le patatine fritte*	**La soupe** [sup]	*La minestra*
Le jus de fruits [žü dë fRüi]	*Il succo di frutta*	**Le thé** [te]	*Il tè*
Le marché [maRshe]	*Il mercato*		

Curiosità

Une tartine è forse la componente più tipica della prima colazione francese: una fetta di *baguette* o pane tostato, cosparsa di burro e/o marmellata.

11 Completate le seguenti frasi con i partitivi corretti.

a. J'ai acheté deux litres .... jus d'orange.

b. Vous n'avez pas .... riz ?

c. As-tu .... salade dans ton assiette ?

d. Nous avons beaucoup .... beurre sur cette tartine.

e. Voulez-vous .... poisson avec votre riz ?

f. J'aimerais ma viande sans............... sauce, s'il vous plaît.

CAPITOLO 2: NOMI E ARTICOLI

12 Tranducete in francese le seguenti frasi.

a. Mi piace il caffè con zucchero e panna.

→ ....

b. Vorrei un chilo di ciliegie, per favore.

→ ....

c. Vorrebbe (**Il aimerait**) dell'insalata, carne con patatine e del dolce.

→ ....

d. Non voglio un gelato, grazie.

→ ....

13 Scrivete i nomi dei seguenti alimenti con il giusto articolo partitivo.

a. Du poulet    b.  ....   c. 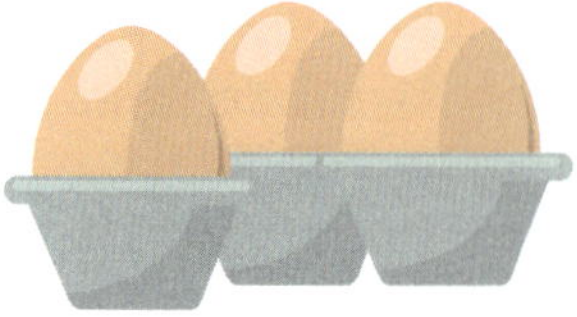 ....   d. ....

e.  ....   f.  ....   g.  ....   h. ....

Complimenti!
Avete terminato il capitolo 2!
Ora contate le vostre icone trascrivendone il totale qui a fianco e poi riportatelo a p. 128.

Pronomi
(*en*, *y*, tonici, relativi)

Il pronome *en* (*Le pronom « en »*)

Il pronome **en** corrisponde al nostro *ne*:

- Sostituisce un termine preceduto da un articolo partitivo (**de l'**, **du**, **de la**, **des**): **Sophie a préparé du café. Vous en voulez ?** → *Sophie ha preparato del caffè. Ne vuole/volete?*
- Sostituisce anche la preposizione **de** con avverbi di quantità: **Il y a beaucoup d'enfants dans cette école. Il y en a beaucoup.** → *Ci sono molti bambini in questa scuola. Ce ne sono molti.*
- Può infine essere usato al posto della nostra preposizione *da*, nei complementi di moto da luogo: **Tu viens de la boulangerie ? – Oui, j'en viens.** → *Arrivi dalla panetteria? – Sì, (ne vengo).*

En si comporta come i pronomi diretti quando è accompagnato da un pronome indiretto e si colloca sempre in seconda posizione: **il m'en a donné**.

Una differenza importante con l'italiano è l'assenza di accordo del participio passato: **il m'a donné des biscuits** – **il m'en a donné** → *mi ha dato dei biscotti – me ne ha dati.*

1 **Rimettete in ordine le parole date alla rinfusa per formare frasi riferite ai termini in grassetto.**

a. **Du pain** : veut / n' / pas / il / en
→ ....

b. **De la limonade** : n' / souvent / pas / Sophia / boit / en
→ ....

c. **Des bonbons** : en / le / beaucoup / elles / soir / mangent
→ ....

d. **Des koalas** : y / pas / Canada / en / a / au / n' / il
→ ....

e. **Des voitures** : parents / trois / ses / ont / en
→ ....

f. **L'école** : en / viennent / ils
→ ....

CAPITOLO 3: PRONOMI

2 Traducete in italiano le frasi che avete ricostruito nell'esercizio 1.

a. ....
b. ....
c. ....
d. ....
e. ....
f. ....

3 Completate le seguenti frasi con il pronome *en* e le parole fra parentesi.

« Jean-Philippe, as-tu des ballons ?

– Oui, bien sûr, j' **(1.)** .... (acheter / beaucoup)

– Et as-tu trouvé un bon gâteau ?

– Oui, Léa **(2.)** .... (apporter / un / au chocolat)

– Et tu as des bougies ?

– Oh, non ! Je **(3.)** .... ! (ne pas / avoir)

– Pour finir, tu as des boissons gazeuses ?

– Oui, **(4.)** .... ! » (avoir / quatre bouteilles)

Il pronome *y* (Le pronom « y »)

Il pronome **y** corrisponde al nostro *ci* e sostituisce preposizioni come **à, sur, dans, chez** quando si riferiscono a luoghi o concetti: **Elle pense à la France ? – Oui, elle y pense.** → *Pensa alla Francia? – Sì, ci pensa.* **Tu vas chez Marie-Anne ? – Oui, j'y vais.** → *Vai da Marie-Anne? – Sì, ci vado.*

Y è usato spesso con il verbo **aller**, anche in maniera ridondante rispetto all'italiano (**Allons-y !**, *Andiamo!*) e non può essere riferito alle persone (**Elle pense à son frère = Elle pense à lui**). Quando è abbinato a **en**, lo precede (**Il y a beaucoup de fleurs = Il y en a beaucoup**).

CAPITOLO 3: PRONOMI

4 Modificate le seguenti frasi per mezzo del pronome *y*.

Es. **Je suis allé en Espagne.** → **J'y suis allé.**

a. Elles ont habité à Londres pendant cinq ans. → ....
b. Il y a huit cents élèves dans mon école. → ....
c. Sylvain pense souvent aux vacances. → ....
d. Il n'y a pas de pain sur la table. → ....
e. Yves et Guillaume vont à la plage. → ....

5 *En o y?*

a. Charlotte veut du chocolat. → Elle .... veut.
b. Lucas vient de la pharmacie. → Il .... vient.
c. Mon grand-père va au concert. → Il .... va.
d. Clara n'est jamais allée au Portugal. → Elle n'............... est jamais allée.
e. Tu as combien de cousins ? → J'............... ai treize !
f. Vous pensez encore à votre examen ? → Oui, nous .... pensons encore.

Espressioni idiomatiche con *en* e *y* (Expressions idiomatiques avec « *en* » et « *y* »)

Con *en*	
S'en aller [sɑⁿ nale]	Andarsene / Andar via
Va-t'en ! [vatɑⁿ] / **Allez vous-en !** [ale vuzɑⁿ]	Vattene! / Andatevene! / Se ne vada!
Je m'en vais [žë mɑⁿ ve]	Me ne vado / Vado via
En avoir assez [ɑⁿ navwaR ase]	Averne abbastanza
En avoir marre [ɑⁿ navwaR maR]	Essere stufo/a
En être sûr(e) [ɑⁿ nEtR süR]	Esserne sicuro/a
T'en fais pas [tɑⁿ fE pa] / **Ne vous en faites pas** [në vu zɑⁿ fEt pa]	Non preoccuparti / Non prendertela ecc.
Ne plus en pouvoir [në plü zɑⁿ puvwaR]	Non poterne più
En vouloir à [ɑⁿ vulwaR a]	Avercela con

23

CAPITOLO 3: PRONOMI

Con *y*	
Y aller [i ale]	*Andare / Andarci*
Y arriver [i aRive]	*Riuscirci*
S'y attendre [si ata^{n}dR]	*Aspettarsi qc*
S'y connaître [si konEtR]	*Intendersene*
N'y être pour rien [ni EtR puR RjE^n]	*Non entrarci (per) niente*
S'y faire [si fER]	*Abituarsi*
Y penser [i pa^{n}se]	*Pensarci*
Ne pas y compter [në pa (z)i ko^{n}te]	*Non contarci*

6 **Traducete in italiano le seguenti frasi.**

a. C'est l'heure ! Allons-y ! → ....

b. Cet exercice de maths est trop dur ! Je n'y arrive pas !
→ ....

c. Il pleut (**pleuvoir** = *piovere*) tout le temps ! Nous en avons vraiment marre !
→ ....

d. Arnaud a 26 ans ? Tu en es sûre ?
→ ....

e. Nous avons marché pendant plus de deux heures ! Je n'en peux plus !
→ ....

f. Valérie va se marier avec Alban ! Je ne m'y attendais pas !
→ ....

CAPITOLO 3: PRONOMI

I pronomi tonici
(Les pronoms toniques/disjoints)

Sono usati da soli, con le preposizioni oppure in abbinamento con i pronomi soggetto per ragioni di enfasi.

Pronome soggetto	Pronome tonico
Je / J'	Moi
Tu	Toi
Il	Lui
Elle	Elle
Nous	Nous
Vous	Vous
Ils	Eux
Elles	Elles

Nazionalità (Nationalités)

Questi termini hanno l'iniziale maiuscola quando sono nomi e minuscola quando sono aggettivi: **Il a rencontré une Danoise**. Ma: **Il est danois**.

7 Completate gli spazi bianchi.

Bandiere	Masc. Sing.	Femm. Sing.	Masc. Plur.	Femm. Plur.
	....	Écossaise	Écossais	Écossaises
	Russe	....	Russes	Russes
	Danois	Danoise	....	Danoises
	Finlandais	Finlandaise	Finlandais	....
	....	Corse	Corses	Corses

25

CAPITOLO 3: PRONOMI

🇵🇹	Portugais	....	Portugais	Portugaises
🇹🇷	Turc	Turque	....	Turques
🇬🇷	Grec	Grecque	Grecs	....
	....	Luxembourgeoise	Luxembourgeois	Luxembourgeoises
🇨🇭	Suisse	....	Suisses	Suisses
	Autrichien	Autrichienne	....	Autrichiennes
	Polonais	Polonaise	Polonais	....

Curiosità

La *Corsica*, in francese **Corse**, è l'isola a nord della Sardegna il cui nome ufficiale è **Collectivité Territoriale de Corse**.

8 Completate con i pronomi tonici adeguati.

a. ...., ils sont italiens.
b. ...., tu es française.
c. ...., vous êtes autrichiennes.
d. ...., elles sont coréennes.
e. ...., je suis australienne.
f. ...., elle est polonaise.
g. ...., nous sommes luxembourgeois.

CAPITOLO 3: PRONOMI

9 Scrivete il nome del Paese che corrisponde a ciascuna nazionalità.

a. Elle est écossaise. Elle vit en ....

b. Je suis suisse. Je vis en ....

c. Nous sommes polonaises. Nous vivons en ....

d. Tu es turque. Tu habites en ....

e. Vous êtes portugais. Vous venez du ....

f. Ils sont russes. Ils viennent de ....

g. Est-elle danoise ? – Oui, elle vit au ....

h. Vous êtes finlandaises ? Oui, nous venons de ....

i. Elles sont autrichiennes. Elles habitent en ....

j. Nous sommes luxembourgeoises. Nous venons du ....

k. Tu es grecque. Tu viens de ....

l. Elles sont corses. Elles habitent en ....

I pronomi relativi: *qui, que, ce qui, ce que*
(Les pronoms relatifs : *qui, que, ce qui, ce que*)

Un pronome relativo si riferisce a un antecedente (un termine o una frase che il pronome sostituisce) e lo collega a una frase subordinata: **Je connais l'homme qui mange un croissant.** → *Conosco l'uomo che mangia un croissant.*

Antecedente	Pronome relativo	Frase
L'homme	qui	mange un croissant.

I relativi **qui** e **que**, entrambi corrispondenti a *che* in italiano, possono riferirsi a cose o persone e la loro differenza consiste nel ruolo sintattico svolto nel periodo: **qui** sostituisce il soggetto del verbo che lo segue: **C'est toi qui veux aller en Irlande**, e non prende mai l'apostrofo.

Que sostituisce il complemento oggetto del verbo che lo segue: **C'est un livre que j'ai beaucoup aimé. Que** diventa sempre **qu'** prima di una vocale o **h** muta.

Ce qui e **ce que** seguono le stesse regole di **qui** e **que**, ma si riferiscono a un concetto o a una frase intera (*ciò che, quello che, il che, cosa che*). **Ce qui** è soggetto e **ce que** complemento oggetto del verbo che li segue: **Le restaurant est ouvert jusqu'à 22 heures, ce qui est très pratique. Je ne comprends pas ce que vous dites.**

CAPITOLO 3: PRONOMI

10 Collegate ogni coppia di frasi con i relativi *qui* o *que*.

a. Elle regarde un film. Le film raconte la vie d'Édith Piaf.
→ Elle regarde ....

b. Vous portez des robes. Je ne les aime pas.
→ Je n'aime pas ....

c. Sophie veut un livre. Je ne le trouve pas.
→ Je ne trouve pas le ....

d. Il me raconte une histoire. L'histoire est très longue.
→ Il me raconte ....

e. Le jouet est cassé. Le jouet est à Charlie.
→ Le jouet ....

11 Completate le frasi con *qui* o *que* e poi risolvete gli indovinelli.

a. C'est un objet .... casse, ... l'on utilise dans la cuisine et .... est plat. → L'objet est une ....

b. C'est un objet .... se met sur la tête, ... les hommes et les femmes peuvent porter et .... protège de la pluie et du vent.
→ L'objet est un ....

c. C'est un objet .... aide à écrire, ... l'on peut mettre dans une poche ou dans un sac et .... l'on utilise avec du papier. → L'objet est un ....

d. C'est un objet .... permet de voyager, ... peut aller vite et .... permet de gagner du temps. → L'objet est une ....

CAPITOLO 3: PRONOMI

 Traducete in italiano le seguenti frasi.

a. Canta / Sta cantando, cosa che detesto.

→ ....

b. Il ragazzo che è in cucina è mio amico.

→ ....

c. Piange / Sta piangendo, il che mi rende triste.

→ ....

d. La storia che racconta è orribile.

→ ....

Complimenti!
Avete terminato il capitolo 3!
Ora contate le vostre icone
trascrivendone il totale qui a fianco
e poi riportatelo a p. 128.

L'indicativo imperfetto e il condizionale presente

L'imperfetto indicativo (L'imparfait de l'indicatif)

Uso e formazione dell'imperfetto

Come quello italiano, l'imperfetto francese esprime azioni ripetute o abituali nel passato: **Je regardais la télévision quand il est arrivé.** → *Guardavo la televisione quando è arrivato.* **Quand elle avait douze ans, elle jouait au football tous les lundis.** → *Quando aveva dodici anni, giocava a calcio tutti i lunedì / ogni lunedì.*

Si adopera anche per descrivere una situazione passata: **Il y avait beaucoup d'enfants au restaurant.** → *C'erano molti bambini al ristorante.*

Nella descrizione passata rientrano anche i sentimenti, gli stati d'animo, l'età, le condizioni atmosferiche, ecc.: **Thomas était très triste jeudi dernier.** → *Thomas era molto triste giovedì scorso.*

L'imperfetto si forma a partire dalla 1ª persona plurale del presente indicativo, « **nous** », togliendo la desinenza **-ons** e aggiungendo le seguenti desinenze: **-ais, -ais, -ait, -ions, -iez, aient.**

Importante: le desinenze dell'imperfetto sono uguali per tutti i verbi.

Nota: i verbi del 3° gruppo sono regolari all'imperfetto. La sola eccezione è il verbo **être**, la cui radice all'imperfetto è **ét-**: **J'étais, tu étais, il/elle/on était, nous étions, vous étiez, ils/elles étaient.**

I verbi in **-cer** come **lancer** hanno la cediglia tranne che alla 1ª e 2ª persona plurale: **Je lançais** ma **Nous lancions, Vous lanciez.**

I verbi in **-ger** come **ranger** hanno la **e** ortografica in tutte le persone tranne la 1ª e la 2ª plurale: **Je rangeais ma chambre** ma **Nous rangions / Vous rangiez votre chambre.**

Finir

	Presente	Imperfetto
Je	finis	**finissais**
Tu	finis	**finissais**
Il/Elle/On	finit	**finissait**
Nous	finis**ons**	**finissions**
Vous	finissez	**finissiez**
Ils/Elles	finissent	**finissaient**

Faire

	Presente	Imperfetto
Je	fais	**faisais**
Tu	fais	**faisais**
Il/Elle/On	fait	**faisait**
Nous	fais**ons**	**faisions**
Vous	faites	**faisiez**
Ils/Elles	font	**faisaient**

CAPITOLO 4: L'INDICATIVO IMPERFETTO E IL CONDIZIONALE PRESENTE

1 Completate le frasi coniugando i verbi tra parentesi all'imperfetto indicativo.

a. Nous .... (commencer) à nous ennuyer.

Toi, tu .... (commencer) à t'endormir !

b. Firmin .... (manger) un croque-monsieur tous les jeudis.

Nous, nous .... (manger) un sandwich.

c. Vous .... (être) si heureux !

d. Vous .... (menacer) de fermer la boutique.

e. Raïssa ne .... (prononcer) pas la lettre « t » à la fin

du mot « huit ». Mais nous, nous la .... (prononcer).

f. Nous .... (voyager) toujours en classe économique

alors que notre père .... (voyager) en première.

2 Traducete in francese le seguenti frasi.

a. L'anno scorso abitava a Lione.

→ ....

b. Andavano al ristorante tutti i sabati sera.

→ ....

c. Faceva molto caldo quando ci siamo svegliati.

→ ....

d. Il medico era un uomo molto simpatico.

→ ....

e. Ascoltavamo musica quando lei è caduta dalle scale.

→ ....

CAPITOLO 4: L'INDICATIVO IMPERFETTO E IL CONDIZIONALE PRESENTE

Passato prossimo o imperfetto? (Passé composé ou imparfait ?)

Il passato prossimo si usa per esprimere azioni passate puntuali o che si sono verificate in un momento determinato: **Elle a rencontré Paul l'été dernier**.

Spesso il passé composé e l'imperfetto compaiono nello stesso periodo, come in italiano, per descrivere un'azione continuativa all'interno della quale a un certo punto si verifica un'azione momentanea: **Je dormais** (azione continuativa) **quand tu as téléphoné** (azione momentanea o puntuale).

3 Sottolineate i verbi al passato e trascriveteli nella giusta colonna.

a. Je dormais à poings fermés lorsque l'orage a éclaté.
b. Les gâteaux se vendaient comme des petits pains.
c. Son histoire ne tenait pas debout. Il a menti, j'en suis sûr !
d. Il faisait un froid de canard quand je suis arrivée à Paris.
e. Ce sac à main était très cher ; il m'a coûté les yeux de la tête !
f. Comme nous étions très fatigués, nous avons décidé de faire la grasse matinée.

	Imperfetto	Passé composé
a.		
b.		
c.		

	Imperfetto	Passé composé
d.		
e.		
f.		

4 Collegate le seguenti espressioni francesi con i loro corrispettivi italiani.

Espressioni idiomatiche (Les expressions idiomatiques)

Coûter les yeux de la tête • • Fare un freddo cane
Dormir à poings fermés • • Costare un occhio della testa
Faire la grasse matinée • • Andare a ruba
Faire un froid de canard • • Dormire della grossa
Ne pas tenir debout • • Alzarsi tardi
Se vendre comme des petits pains • • Non stare in piedi

CAPITOLO 4: L'INDICATIVO IMPERFETTO E IL CONDIZIONALE PRESENTE

5 Completate coniugando gli infiniti tra parentesi all'imperfetto o al passato prossimo.

a. Elles .... (visiter) la Corse l'année dernière.

Il .... (faire) très froid.

b. Nous .... (regarder) la télévision lorsque les voleurs .... (entrer).

c. Je .... (tomber) amoureux d'Emma immédiatement.

Elle .... (être) si belle dans sa robe rouge !

d. Roland .... (finir) sa terminale lorsqu'il .... (avoir) son accident.

e. Lorsque j'........................ (avoir) 12 ans, je .... (passer) tous mes mercredis chez mes grands-parents.

f. Léa .... (lire) ce livre il y a deux ans, je crois.

6 Traducete in italiano le frasi dell'esercizio 5.

a. ....

b. ....

c. ....

d. ....

e. ....

f. ....

CAPITOLO 4: L'INDICATIVO IMPERFETTO E IL CONDIZIONALE PRESENTE

 Completate la cartolina sottostante coniugando all'imperfetto o al passato prossimo i verbi dati all'infinito.

MANGER   ÊTRE x 3   FAIRE   SE BAIGNER   ALLER
PRENDRE   AVOIR x 2   PASSER   SE COUCHER   GRANDIR

Chère mamie,

Maman et moi (a.) .... de super vacances à Besançon ! Il y (b.) .... du soleil et il (c.) .... très chaud ! Il y (d.) .... beaucoup de monde partout car c'(e.) .... les vacances scolaires ! Les cousins (f.) .... ! Ils (g.) .... tous plus grands que maman ! Nous (h.) .... beaucoup de fromage : surtout du comté ! J'(i.) .... 2 kilos en une semaine ! Lundi dernier, nous (j.) .... au lac Saint-Point à Malbuisson où nous (k.) .... Nous (l.) .... à 20 heures tous les soirs car nous (m.) .... tellement fatigués !

Gros bisous.
Lola

À votre tour ! Scrivete una cartolina raccontando le vostre vacanze nel sud della Francia.

....
....
....
....
....
....
....
....
....

CAPITOLO 4: L'INDICATIVO IMPERFETTO E IL CONDIZIONALE PRESENTE

Il condizionale presente *(Le conditionnel présent)*

Questo tempo verbale ha un uso molto simile a quello del suo corrispettivo italiano: esprime in particolare il verificarsi di qualcosa grazie a una determinata condizione (nella subordinata introdotta da **si**, il verbo francese è all'imperfetto <u>indicativo</u>). Serve anche a esprimere preferenze, desideri e dubbi, nonché a formulare richieste gentili e a dire la propria opinione.

Nota: si prende l'apostrofo, **s'**, solo davanti ai pronomi **il** e **ils**.

Condizionale presente regolare

Si forma aggiungendo all'infinito le desinenze dell'imperfetto (per i verbi in **-re** si ha la caduta della **-e** finale):

	Regarder	Choisir	Vendre
Je	regarder**ais**	choisir**ais**	vendr**ais**
Tu	regarder**ais**	choisir**ais**	vendr**ais**
Il/Elle/On	regarder**ait**	choisir**ait**	vendr**ait**
Nous	regarder**ions**	choisir**ions**	vendr**ions**
Vous	regarder**iez**	choisir**iez**	vendr**iez**
Ils/Elles	regarder**aient**	choisir**aient**	vendr**aient**

Condizionale presente irregolare dei verbi ausiliari

	Avoir	Être
J'/Je	aur**ais**	ser**ais**
Tu	aur**ais**	ser**ais**
Il/Elle/On	aur**ait**	ser**ait**
Nous	aur**ions**	ser**ions**
Vous	aur**iez**	ser**iez**
Ils/Elles	aur**aient**	ser**aient**

CAPITOLO 4: L'INDICATIVO IMPERFETTO E IL CONDIZIONALE PRESENTE

Condizionali irregolari

Il condizionale condivide la radice con il futuro semplice (**j'appellerai/j'appellerais** ; **j'aurai/j'aurais** ; **je voudrai/je voudrais**), pertanto i condizionali irregolari o con particolarità si differenziano dai rispettivi futuri unicamente nelle desinenze:

Acheter *(comprare)* → j'ach**è**ter-ais	**Pleuvoir** *(piovere)* → il pleu**vr**-ait
Aller (a. ....) → j'**ir**-ais	**Pouvoir** *(potere)* → je pou**rr**-ais
Appeler *(chiamare)* → j'appe**ll**er-ais	**Recevoir** *(ricevere)* → je rece**vr**-ais
Courir (b. ....) → je cou**rr**-ais	**Savoir** (e. ....) → je **s**au**r**-ais
Devoir *(dovere)* → je d**evr**-ais	**Tenir** *(tenere)* → je t**iendr**-ais
Envoyer (c. ....) → j'enve**rr**-ais	**Valoir** *(valere)* → je vau**dr**-ais
Faire *(fare)* → je f**er**-ais	**Venir** (f. ....) → je v**iendr**-ais
Falloir *(bisognare)* → il fau**dr**-ait	**Voir** *(vedere)* → je v**err**-ais
Mourir (d. ....) → je mou**rr**-ais	**Vouloir** *(volere)* → je vou**dr**-ais

8 Scrivete le traduzioni mancanti dei verbi nello specchietto qui sopra.

9 Traducete in francese le seguenti frasi.

a. Chiamerebbe Charles. → ....
b. Sapremmo il suo nome. → ....
c. Ricevereste/Riceverebbe una lettera. → ....
d. Farei un dolce. → ....
e. Comprerebbero un regalo. → ....
f. Potresti andare al cinema. → ....

Le richieste gentili *(Les demandes polies)*

Per chiedere qualcosa in modo educato e cortese, anche il francese si avvale dei condizionali di verbi come **vouloir, pouvoir, aimer** o **avoir**:

Je voudrais de l'eau s'il vous plaît. → *Vorrei dell'acqua, per piacere.*

Il condizionale permette di edulcorare un ordine e sostituire l'imperativo.

CAPITOLO 4: L'INDICATIVO IMPERFETTO E IL CONDIZIONALE PRESENTE

10 Coniugate i condizionali di *pouvoir*, *vouloir*, *aimer* o *avoir* alla persona corretta.

a. ....-vous me dire où se trouve la pharmacie, s'il vous plaît ?
b. Elle .... réserver une table pour le mercredi 15 novembre.
c. Je .... un aller-retour pour Paris, s'il vous plaît.
d. ....-vous quelques minutes à m'accorder (= *dedicarmi*) ?
e. Nous .... beaucoup rencontrer l'auteur de ce livre.
f. ....-tu venir avec moi chez le docteur ?

11 Collegate ogni inizio di frase alla sua conclusione logica.

1. Aimerais-tu du sucre •   • a. pour ma carte postale ?
2. Auriez-vous un timbre •   • b. sur vos pâtes, monsieur ?
3. Pourrait-il ouvrir •   • c. un dessert, mademoiselle ?
4. Voudriez-vous du poivre •   • d. dans ton café ?
5. Aimeriez-vous commander •   • e. la porte pour ma grand-mère ?
6. Pourriez-vous fermer •   • f. la fenêtre, s'il vous plaît ?

Periodi ipotetici del 2° tipo
(Phrases avec « si » et le conditionnel présent)

La subordinata condizionale richiede lo stesso tempo che in italiano (imperfetto) ma un modo diverso: indicativo anziché congiuntivo.

Si/Protasi – Condizione	Apodosi – Conseguenza
Si j'<u>avais</u> de l'argent,	**j'<u>achèterais</u> une voiture.**
Indicativo imperfetto	Condizionale presente
Se avessi dei soldi,	*comprerei una macchina.*

Questo periodo ipotetico è anche chiamato "della possibilità", quando l'ipotesi è possibile anche se non del tutto realizzabile (non è escluso che possa prima o poi avere i soldi necessari per comprare la macchina), o "dell'irrealtà nel presente", quando si vuole esprimere una condizione non realizzabile (*se fossi in te, farei...*: non è fisicamente possibile che io sia te).

Nota: **si** diventa **s'** prima di **il** e **ils**.

CAPITOLO 4: L'INDICATIVO IMPERFETTO E IL CONDIZIONALE PRESENTE

12 Coniugate nei tempi appropriati i seguenti verbi dati all'infinito.

a. J'................. (acheter) une nouvelle maison si je .... (gagner) au loto !

b. Si elle .... (étudier) plus, elle .... (réussir) ses examens.

c. Vous .... (voyager) si vous .... (avoir) plus de vacances.

d. Si nous .... (être) là, nous vous .... (aider).

e. Elles .... (faire) le ménage si elles ne .... (dormir) pas !

13 Traducete in francese le seguenti frasi.

a. Achille giocherebbe a tennis se avesse tempo.

➜ ....

b. Sarei felice se ci fosse il sole.

➜ ....

c. Se fosse più alto, potrebbe giocare a basket.

➜ ....

d. A Claire e Laurence piacerebbe molto andare al cinema se avessero tempo.

➜ ....

e. Tu partiresti adesso se potessi!

➜ ....

Complimenti!
Avete terminato il capitolo 4!
Ora contate le vostre icone
trascrivendone il totale qui a fianco
e poi riportatelo a p. 128.

Discorso diretto e discorso indiretto

Il discorso diretto *(Le discours direct)*

Il discorso diretto riporta le parole esatte di qualcuno sotto forma di citazione, dopo i due punti. **Loïc a demandé : « Allez-vous à la piscine demain ? »** → *Loïc ha chiesto: "Va / Andate in piscina domani?"*

Nota: le virgolette (**les guillemets**) sono diverse in italiano e in francese. Di norma, l'italiano preferisce le virgolette alte doppie, o apici doppi, " ", allorché il francese utilizza piuttosto le virgolette basse doppie, o sergenti, « », che inoltre includono due spazi prima e dopo le parole riportate.

Il discorso indiretto *(Le discours indirect)*

In questo caso è un'altra persona a riportare le parole di qualcuno senza citarle direttamente: **Carole demande si vous voulez aller au cinéma.** → *Carole chiede se vuole/volete andare al cinema.*

La subordinata nel discorso indiretto è introdotta dalla congiunzione **que/qu'**: **Ma mère m'a dit <u>que</u> je devais aller au lit.** → *Mia madre mi ha detto che dovevo andare a dormire.*

1 Indicate se le seguenti frasi sono al discorso diretto (DD) oppure indiretto (DI).

a. Je dis à Anne qu'elle est jolie. → ....
b. Il m'a demandé : « Où habitez-vous ? » → ....
c. Gwendoline répond qu'il pleuvra demain. → ....
d. Corentin déclare qu'ils sont stupides. → ....
e. Guillaume me dit : « C'est une très bonne idée ! » → ....

CAPITOLO 5: DISCORSO DIRETTO E DISCORSO INDIRETTO

2 Trasformate le seguenti frasi dal discorso indiretto al diretto.

es. Elle me demande pourquoi je n'ai pas de manteau.
→ Elle me demande : « Pourquoi n'as-tu pas de manteau ? » (tu)

a. Tu dis qu'il fait très beau aujourd'hui.
→ ....

b. Tes parents nous demandent pourquoi nous portons un chapeau.
→ .... (vous)

c. Il déclara qu'il avait froid.
→ .... (je)

d. Nous avons ajouté que la voiture était au garage.
→ ....

e. Je dirai que nous sommes trop fatigués.
→ ....

I verbi dichiarativi *(Les verbes introducteurs)*

Si tratta della serie di verbi appartenenti al campo semantico di **dire** che introducono i vari tipi di discorso, diretto o indiretto.

3 Scegliete la giusta traduzione fra quelle nella bolla.

Dire • Spiegare
Aggiungere • Chiedere
Affermare • Insistere
Ordinare • Dichiarare
Rivelare • Annunciare
Rispondere • Gridare

Français	Italiano
Affirmer [afiRme]	....
Ajouter [aʒute]	....
Annoncer [anɔ̃se]	....
Crier [kRije]	....
Déclarer [deklaRe]	....
Demander [dəmɑ̃de]	....
Dire [diR]	....
Expliquer [Eksplike]	....
Insister [Ẽsiste]	....
Ordonner [ORdOne]	....
Répondre [Repɔ̃dR]	....
Révéler [Revele]	....

CAPITOLO 5: DISCORSO DIRETTO E DISCORSO INDIRETTO

4 Traducete in francese le seguenti frasi.

a. Ha risposto che non lo sapeva.
→ ....

b. Ha aggiunto che i biglietti erano cari.
→ ....

c. Hanno spiegato che la porta era chiusa.
→ ....

d. Ho gridato che non sarei venuto/a.
→ ....

e. Émilie ha chiesto se avevamo le chiavi.
→ ....

Le interrogative indirette (*L'interrogation indirecte*)

Que vs **Si**: se la subordinata è un'interrogativa indiretta e non una semplice dichiarativa, la congiunzione **si** (*se*) sostituisce **que** (*che*): **Elle m'a dit que j'étais gentille.** → *Mi ha detto che ero gentile.* Ma **Elle m'a demandé si j'avais du sucre.** → *Mi ha chiesto se avevo dello zucchero.* → (corrispondente interrogativa diretta) *Mi ha chiesto: "Hai dello zucchero?"*

Se l'interrogativa diretta è introdotta da avverbi quali **comment**, **où**, **pourquoi**, essi permangono inalterati nel discorso indiretto: **Elle me demande : « Pourquoi es-tu à la maison ? »** → **Elle me demande pourquoi je suis à la maison**.

5 Completate con *que*, *si*, *comment*, *où* o *pourquoi* (sono possibili più risposte).

a. Julie a déclaré .... nous étions courageux.

b. Florence et Marcel ont demandé .... nous avions une voiture.

c. Camille a demandé .... Jean-François était là.

d. J'ai demandé .... était son sac.

e. Il a demandé .... papa allait.

f. J'ai demandé .... vous étiez en retard.

CAPITOLO 5: DISCORSO DIRETTO E DISCORSO INDIRETTO

6 Traducete in italiano le frasi dell'esercizio 5.

a. ....

b. ....

c. ....

d. ....

e. ....

f. ....

Cambiamenti dal discorso diretto al discorso indiretto
(Changements du discours direct au discours indirect)

1. Pronomi personali e aggettivi e pronomi possessivi

Le prime e seconde persone del discorso diretto diventano terze persone, singolari o plurali, nella subordinata indiretta:

Discorso diretto	Discorso indiretto
Elle dit : « **Je** suis fatiguée. »	Elle dit qu'**elle** est fatiguée.
Il demande : « Où sont **mes** chaussures ? »	Il demande où sont **ses** chaussures.

2. Persone verbali

Anch'esse si modificano in accordo con il diverso soggetto rispetto al discorso diretto: **Elle dit : « Je veux rentrer. » → Elle dit qu'elle veut rentrer.**

3. Concordanza dei tempi

	Verbo principale / Discorso diretto	Verbo subordinato / Discorso indir.
Presente	Louis dit : « J'avais soif. »	Louis dit qu'il avait soif.
	Louis dit : « J'ai soif. »	Louis dit qu'il a soif.
Passato	Presente o imperfetto Louis a dit : « J'ai soif. »	Imperfetto Louis a dit qu'il avait soif.
	Passato prossimo, passato remoto o trapassato prossimo Il a révélé : « Ils sont partis en Italie. ».	Trapassato prossimo Il a révélé qu'ils étaient partis en Italie.
	Futuro semplice Josiane a répondu : « Nous partirons demain. »	Condizionale presente Josiane a répondu que nous partirions le lendemain.

CAPITOLO 5: DISCORSO DIRETTO E DISCORSO INDIRETTO

	Verbo principale / Discorso diretto	Verbo subordinato / Discorso indir.
Passato	Futuro anteriore	Condizionale passato
	Cora a dit : « Nous <u>aurons terminé</u> demain. »	Cora a dit qu'ils <u>auraient terminé</u> le lendemain.
	Imperativo	de + infinito
	Il nous ordonnait toujours : « <u>Dépêchez</u>-vous ! »	Il nous ordonnait toujours <u>de</u> nous <u>dépêcher</u>.

7 Trasformate le frasi modificando opportunamente i possessivi e i pronomi personali.

a. Elle m'a dit : « Tu devras faire tes devoirs. »
   → Elle m'a dit que .... devrais faire .... devoirs.

b. Guillaume a répondu : « Je dois ranger ma chambre. »
   → Guillaume a répondu qu'............ devait ranger .... chambre.

c. Ils nous ont demandé : « Pourriez-vous rendre nos livres ? »
   → Ils nous ont demandé si .... pouvions rendre .... livres.

d. Elle m'a demandé : « Veux-tu venir avec moi et mes amis ? »
   → Elle m'a demandé si .... voulais venir avec .... et .... amis.

e. Sophie explique : « J'étais en vacances avec mes frères. »
   → Sophie explique qu'............ était en vacances avec .... frères.

Cambiamenti nelle espressioni di tempo
(Changements des expressions de temps)

Anche gli avverbi e le espressioni temporali in genere devono modificarsi secondo il tipo di discorso adottato.

Discorso diretto	Discorso indiretto
Elle a dit : « Je viendrai <u>demain</u>. »	**Elle a dit qu'elle viendrait <u>le lendemain</u>.**
Ha detto: "Verrò <u>domani</u>."	Ha detto che sarebbe venuta <u>il giorno dopo/il giorno seguente/l'indomani</u>.

43

CAPITOLO 5: DISCORSO DIRETTO E DISCORSO INDIRETTO

8 Collegate l'espressione di tempo al discorso diretto con la sua equivalente indiretta.

Discorso diretto	Discorso indiretto
1. Aujourd'hui	a. Le mois précédent
2. En ce moment	b. L'année suivante
3. Hier	c. L'année précédente
4. Avant-hier	d. Ce matin-là
5. Demain	e. Le lendemain
6. Après-demain	f. Deux jours auparavant
7. Cette semaine	g. À ce moment-là
8. Ce matin	h. Ce jour-là
9. La semaine dernière	i. Cette semaine-là
10. La semaine prochaine	j. La semaine suivante
11. L'année dernière	k. Le mois suivant
12. L'année prochaine	l. Deux jours plus tard
13. Le mois dernier	m. L'avant-veille
14. Le mois prochain	n. La veille
15. Il y a deux jours	o. Le surlendemain
16. Dans deux jours	p. La semaine précédente

9 Trasformate i seguenti discorsi diretti in discorsi indiretti.

a. Yannick m'a dit : « Je pars après-demain. »

→ ....

b. Mes parents m'avaient annoncé : « Nous (et toi) allons en Italie l'année prochaine. »

→ ....

c. Marie-France a déclaré : « Je suis allée chez Benoît le mois dernier. »

→ ....

d. Xavier m'a demandé : « Où étais-tu hier ? »

→ ....

e. Suzette a dit : « En ce moment, je travaille à la boulangerie. »

→ ....

CAPITOLO 5: DISCORSO DIRETTO E DISCORSO INDIRETTO

10 Come l'esercizio 9.

a. La prof me dit : « Tu dois faire tes devoirs ! »
→ ....

b. Louise a répondu : « Je ne veux pas venir avec vous. »
→ ....

c. Jérémy et Clément ont demandé : « À quelle heure arrive le train ? »
→ ....

d. Audrey a admis : « J'ai mangé trop de chocolat hier. »
→ ....

e. Il m'a ordonné : « Reste à la maison jusqu'à demain. »
→ ....

Complimenti!
Avete terminato il capitolo 5!
Ora contate le vostre icone trascrivendone il totale qui a fianco e poi riportatelo a p. 128.

6
Verbi impersonali ed espressioni idiomatiche

I verbi impersonali *(Les verbes impersonnels)*

1 Leggete i seguenti esempi e ricavatene le regole.

a. Il faut manger des légumes verts pour être en forme.
b. Il y a du vent aujourd'hui.
c. Je fais ce qu'il me plaît !
d. Il faut que j'aille à l'école aujourd'hui.
e. Il fait beau en Espagne.
f. Il y avait des nuages hier.
g. Il faudra ranger ta chambre ce week-end.

I verbi sottolineati sono impersonali. Sono chiamati in tale modo perché il soggetto grammaticale (**il**) non si riferisce a una ...., a un animale o a un oggetto reali. In francese sono usati alla .... persona singolare. I verbi che seguono gli impersonali possono essere al modo indicativo, infinito o .... (esempio d.). I verbi impersonali possono essere coniugati in vari .... (**il faut, il fallait, il faudra**).

2 Evidenziate i verbi impersonali nel caso in cui compaiano nelle frasi qui sotto.

a. Tu dois vraiment ranger ta chambre.
b. Il faut que tu ranges ta chambre.
c. J'adore ta nouvelle robe !
d. Son nouveau chapeau me plaît beaucoup !
e. Il y a beaucoup de fleurs dans ton jardin.
f. Ces arbres sont magnifiques !

CAPITOLO 6: VERBI IMPERSONALI ED ESPRESSIONI IDIOMATICHE

Il y a (C'è / Ci sono)

Il y a, all'infinito **y avoir** (*esserci*), è un'espressione impersonale che in francese non ha plurale: *Ci sono troppe macchine nel parcheggio.* → **Il y a beaucoup trop de voitures dans le parking.** Precede uno o più sostantivi. **A** è la 3ª persona singolare del verbo **avoir** e si modifica secondo il tempo e il modo che si vogliono impiegare: *c'è / ci sono* → **il y a**; *ci sarà / ci saranno* → **il y aura**; *c'era / c'erano* → **il y avait**, e così via.

Nelle forme interrogative, **Il y a** diventa **Y a-t-il…?** con l'inversione (attenzione a non aggiungere un trattino di troppo fra **y** e **a**), oppure **Est-ce qu'il y a…?** con **est-ce que**. La sua forma negativa è **Il n'y a pas (de/d'…)**.

3. Traducete in francese le seguenti frasi.

a. Ci sono molti bambini in cucina.
→ ....

b. Non c'erano professori a scuola ieri.
→ ....

c. Ci sarà neve questo weekend.
→ ....

d. C'è un vestito rosa sul mio letto.
→ ....

e. C'era un (*del*) dolce al cioccolato alla festa.
→ ....

f. C'è dell'acqua in frigo?
→ ....

Il y a vs Depuis (…fa vs Da…)

Il y a può precedere un'espressione di tempo (con verbo al passato), in tal caso corrisponde al nostro *…fa* (che invece segue l'espressione): **Julien est parti il y a une heure.** → *Julien è partito un'ora fa.* **Depuis** significa invece *da…* + espressione temporale (con verbo al presente): **Il habite en Australie depuis 5 ans.** → *Abita in Australia da 5 anni.*

Quando **depuis** si riferisce a qualcosa che non accade da un certo periodo, in francese il verbo della frase è al passato prossimo, mentre in italiano normalmente è al presente: **Il n'est pas venu depuis décembre dernier.** → *Non viene dallo scorso dicembre.*

CAPITOLO 6: VERBI IMPERSONALI ED ESPRESSIONI IDIOMATICHE

 Completate con *il y a* oppure *depuis*.

a. Alice étudie l'espagnol ………………… 4 mois.
b. J'ai visité la Russie ………………… 8 mois.
c. Ma sœur est rentrée à la maison ………………… 2 heures.
d. Sylvain a perdu son téléphone ………………… quelques jours.
e. Charles attend son professeur ………………… 30 minutes.
f. On ne s'est pas vus ………………… 1 an.

 Collegate le seguenti espressioni idiomatiche francesi con i loro equivalenti italiani.

Il n'y a pas de quoi ! • 1.
Il y a de quoi manger. • 2.
Il y a de l'orage dans l'air. • 3.
Il y a anguille sous roche. • 4.
Il n'y a pas de quoi en faire un drame/plat/fromage. • 5.
(Il n'y a) pas de souci ! • 6.

a. • *Gatta ci cova. / C'è qualcosa sotto.*
b. • *C'è da mangiare.*
c. • *Non c'è bisogno di farne una tragedia.*
d. • *Non c'è di che!*
e. • *Nessun problema!*
f. • *(Ci sono) guai in vista.*

Falloir (Bisognare)

Il verbo **falloir** corrisponde ai nostri, altrettanto impersonali, *bisognare*, *occorrere*, *essere necessario*, ecc., o a *dovere* coniugato personalmente.

Può precedere un infinito: **Il faut sauvegarder votre document.** → Bisogna salvare il Suo/vostro documento.

Se precede un sostantivo si traduce con l'italiano *volerci*: **Il faut de l'argent pour aller en vacances.** → Ci vogliono soldi per andare in vacanza.

Quando è seguito dalla congiunzione **que**, il modo verbale da usare nella subordinata è il congiuntivo: **Il faut qu'il revienne à Tours.** → Bisogna che torni / Deve tornare a Tours.

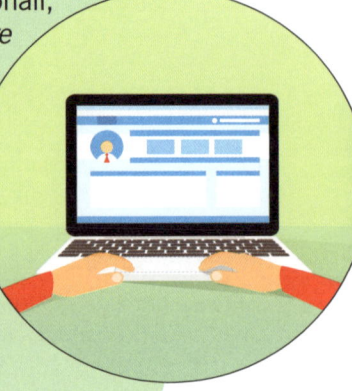

CAPITOLO 6: VERBI IMPERSONALI ED ESPRESSIONI IDIOMATICHE

6 Coniugate il verbo *falloir* ai tempi e modi appropriati.

a. Il .... (*condizionale pres.*) finir ce projet la semaine prochaine.

b. Il .... (*pass. pross.*) appeler le médecin car il était vraiment malade.

c. ....-t-il (*futuro semplice*) amener un sac de couchage (= *sacco a pelo*) ce week-end ?

d. Il .... (*pres. ind.*) se dépêcher si nous ne voulons pas être en retard !

e. .... (*imperfetto ind.*)-il fermer la porte d'entrée ?

7 Traducete in italiano le frasi dell'esercizio 6.

a. ....
b. ....
c. ....
d. ....
e. ....

Valoir (Valere)

Le espressioni **il/ça vaut mieux** (indicativo presente) o **il/ça vaudrait mieux** (condizionale pres.) sono equivalenti alle espressioni italiane che contengono il verbo *essere*: **Il vaut/vaudrait mieux se lever tôt.** → *È/Sarebbe meglio alzarsi presto.* **Il vaut mieux se coucher à 21 heures.** → *È meglio coricarsi alle 21.*

Valoir è seguito dal congiuntivo in una frase con verbo coniugato: **Il vaut mieux que tu <u>finisses</u> tes devoirs maintenant.**

S'agir de (Trattarsi di)

Il s'agit de corrisponde all'italiano *si tratta di*, per introdurre il soggetto di una questione: **Il s'agit de ton avenir.** → *Si tratta del tuo futuro.* Nonché per definire di chi si sta parlando: **Il s'agit de mon docteur.** → *Si tratta del mio medico.*

Il s'agit de è il più delle volte seguito da un sostantivo, ma può anche precedere un verbo all'infinito, nel qual caso diventa sinonimo di **il faut**: **Il s'agit de se dépêcher = Il faut se dépêcher.**

CAPITOLO 6: VERBI IMPERSONALI ED ESPRESSIONI IDIOMATICHE

Être (Essere)

Anche l'ausiliare **être**, come il suo corrispettivo italiano, rientra in espressioni impersonali quando precede aggettivi che a loro volta precedono **de** + infinito.

Espressione impersonale	Aggettivo	Infinito
Il est	difficile	de parler la bouche pleine.
Il est	interdit	de fumer dans le restaurant.
Il est	nécessaire	de réserver une table.

8 Traducete in francese le seguenti frasi usando i verbi e le espressioni impersonali illustrati finora.

a. È vietato camminare sull'erba. → ....

b. Sarebbe meglio mettere il cappotto oggi. → ....

c. Si tratta di una questione di grammatica. → ....

d. È meglio che tu cucini stasera. → ....

e. Deve prenotare presto il Suo biglietto. → ....

Il tempo atmosferico (Le temps qu'il fait)

Come in italiano, anche in francese le espressioni riguardanti il tempo che fa sono impersonali alla 3ª persona singolare.

Il verbo utilizzato è generalmente **faire** seguito da un aggettivo (**il fait froid**); quando è un nome a seguire si usa **il y a** (**il y a du vent**). Esistono poi vari verbi specifici per le condizioni atmosferiche, come **pleuvoir**, **neiger**, ecc.

Gli aggettivi del tempo (Les adjectifs de la météo)

Il est…/C'est…, Le temps est… / *Fa… / Il tempo è…*

Ensoleillé [aⁿsOlEje]	*Soleggiato*		**Frais** [fRE]	*Fresco*
Pluvieux [plüvjø]	*Piovoso*		**Doux** [du]	*Mite*
Nuageux [nüažø]	*Nuvoloso*		**Venteux** [vaⁿtø]	*Ventoso*
Orageux [ORažø]	*Temporalesco*			
Couvert [kuvER]	*Coperto*			
Humide [ümid]	*Umido*			

Per esprimere il verbo *gelare*, anche il francese preferisce il verbo **geler** (**il a gelé / il gèle / il gèlera**) piuttosto che l'aggettivo **gelé**.

CAPITOLO 6: VERBI IMPERSONALI ED ESPRESSIONI IDIOMATICHE

9 Collegate ogni espressione al disegno che la rappresenta.

1. Il pleut.   2. Il bruine.   3. Il neige.   4. Il grêle.   5. Il gèle.   6. Il vente.

a.   b.   c.   d.   e.   f.

10 Collegate ogni espressione francese alla sua traduzione italiana.

Il fait beau. • • Il tempo è mite.
Il fait mauvais. • • Fa fresco.
Il fait frais. • • Fa bello.
Il fait chaud. • • C'è il temporale.
Il fait doux. • • Fa caldo.
Il fait froid. • • C'è il vento.
Il y a du brouillard. • • Fa brutto.
Il y a du vent. • • C'è il sole.
Il y a de l'orage. • • C'è la nebbia.
Il y a du soleil. • • Fa freddo.

11 Traducete in italiano le seguenti frasi.

a. Il fait un temps affreux. → ....
b. Il fait un temps magnifique/superbe. → ....
c. Il fait un temps lourd. → ....
d. Il fait un temps couvert. → ....
e. Il fait un temps nuageux. → ....

CAPITOLO 6: VERBI IMPERSONALI ED ESPRESSIONI IDIOMATICHE

12. Collegate i modi di dire impersonali francesi con i loro corrispettivi italiani.

1. **Il n'y a** pas de fumée sans feu.
2. **Il n'y a** pas de sot (= *sciocco*) métier.
3. **Il n'y a** que la vérité qui blesse.
4. **Il y a** un temps pour tout.
5. **Il ne faut** pas vendre la peau de l'ours avant de l'avoir tué.
6. Rien ne sert de courir, **il faut** partir à point.
7. **Il faut** battre le fer pendant qu'il est chaud.
8. **Il faut** que jeunesse se passe.
9. Mieux **vaut** tard que jamais.
10. Le jeu n'en **vaut** pas la chandelle.
11. Un homme averti en **vaut** deux.
12. Mieux **vaut** prévenir que guérir.
13. En avril, ne te découvre pas d'un fil ; en mai, fais ce qu'il te **plaît**.
14. On ne peut pas **plaire** à tout le monde.

a. *La verità fa male.*
b. *Chi va piano, va sano e va lontano.*
c. *Battere il ferro finché è caldo.*
d. *Meglio tardi che mai.*
e. *Il gioco non vale la candela.*
f. *Aprile, non ti scoprire; maggio, adagio adagio.*
g. *Non c'è fumo senza arrosto.*
h. *Non si può piacere a tutti.*
i. *Tutti i lavori sono dignitosi, purché onesti.*
j. *Non vendere la pelle dell'orso prima di averlo ucciso.*
k. *Sono sbagli di gioventù.*
l. *Uomo avvisato mezzo salvato.*
m. *C'è un tempo per ogni cosa.*
n. *Meglio prevenire che curare.*

Complimenti!
Avete terminato il capitolo 6!
Ora contate le vostre icone trascrivendone il totale qui a fianco e poi riportatelo a p. 128.

7 Aggettivi e pronomi indefiniti

Gli aggettivi indefiniti (Les adjectifs indéfinis)

La categoria degli indefiniti serve a riferirsi a cose o persone in generale anziché a qualcosa o qualcuno di specifico.

Gli aggettivi indefiniti concordano in genere e numero con il nome al quale si riferiscono e in genere lo precedono (**Certains chiens sont agressifs**).

I pronomi indefiniti (Les pronoms indéfinis)

I pronomi sostituiscono un nome, con il quale si accordano.

Nota: esistono pronomi indefiniti invariabili, come **quelqu'un**, **rien**, ecc.

Aggettivi e pronomi indefiniti (Adjectifs et pronoms indéfinis)

Non diamo conto in tabella di eventuali articoli che accompagnino le forme.

Pronome	*Italiano*	Aggettivo	*Italiano*
Aucun	*Nessuno*	Aucun(s)/Aucune(s)	*Nessun(o)/a*
Autre(s)	*Altro/a, altri/e*	Autre(s)	*Altro/a/i/e*
Certains	*Certi, certuni*	Certain(s)/Certaine(s)	*Certo/a/i/e*
Chacun/Chacune	*Ciascuno/a, ognuno/a*	Chaque	*Ogni*
		Divers(e)/Divers(es)	*Diversi/e, vari/e*
Même(s)	*Stesso/a/i/e*	Même(s)	*Stesso/a/i/e*
Quelqu'un Quelques-un(e)s	*Qualcuno Alcuni/e*	Quelque(s)	*Alcuni/e, qualche*
Quelque chose	*Qualcosa*		
Personne	*Nessuno*		
Plusieurs	*Parecchi/ie*	Plusieurs	*Parecchi/ie, più (agg. pl.)*
Rien	*Nulla, niente*		
Tous/Toutes Tout	*Tutti/e Tutto*	Tout/Tous, Toute(s)	*Tutto/a/i/e*

CAPITOLO 7: AGGETTIVI E PRONOMI INDEFINITI

 Collegate i seguenti indefiniti francesi con le loro traduzioni italiane.

a. Plusieurs •   • 1. *Ogni*
b. Certaines •   • 2. *Stesso*
c. Chaque •   • 3. *Tutti*
d. Rien •   • 4. *Nessuna*
e. Même •   • 5. *Certe*
f. Tous •   • 6. *Parecchi/ie*
g. Aucune •   • 7. *Nessuno*
h. Personne •   • 8. *Nulla*

Tout, tous, toute, toutes (Tutto/a/i/e, ogni)

Usato come <u>aggettivo</u>, **tout** è normalmente seguito dagli articoli **le, la, l', les** come l'italiano *tutto il/lo/l', tutta la/l', tutti i/gli, tutte le*. Nel caso delle forme plurali è traducibile anche con *ogni* senza articolo + nome singolare:
Il se lève <u>tous les</u> matins à 7h45. → *Si alza <u>tutte le</u> mattine/<u>ogni</u> mattina alle 7:45.*
Elle travaille <u>toute la</u> journée. → *Lavora <u>tutto il</u> giorno.*
Les enfants ont mangé <u>toute la</u> tarte. → *I bambini hanno mangiato <u>tutta la</u> torta.*

Esiste anche la forma aggettivale non seguita da articolo, più spesso al singolare, con significato di *ogni* o *qualunque*: **pour toute information complémentaire** → *per ulteriori informazioni*. I plurali accompagnati da numerali possono avere o no l'articolo: **tous (les) deux** → *tutti e due, entrambi*.

In forma di <u>pronome</u>, **tout** precede il participio passato nei tempi composti: **Bastien a tout acheté !** → *Bastien ha comprato tutto!* Si pronuncia la **s** del plurale maschile **tous**: **Ils sont tous** [tus] **venus.** → *Sono venuti tutti.*
Tout è anche un avverbio che vuol dire *interamente, completamente*: **un garçon tout petit**.

 Negli esempi sottostanti, indicate quando *tout*, *tous*, *toute* o *toutes* sono pronomi (PR) e quando aggettivi (AGG).

a. <u>Tous</u> aiment sa nouvelle coiffure.   → ....
b. J'ai aimé <u>tous</u> les livres de Marc Levy.   → ....
c. <u>Toutes</u> sont déjà au restaurant.   → ....
d. <u>Toute</u> la salle était silencieuse.   → ....
e. Mon cousin a <u>tout</u> bu !   → ....

CAPITOLO 7: AGGETTIVI E PRONOMI INDEFINITI

3 Traducete in italiano le frasi dell'esercizio 2.

a. ....

b. ....

c. ....

d. ....

e. ....

4 Completate con *tout*, *tous*, *toute* o *toutes*.

a. Audrey a .... mangé !

b. .... les filles portaient une robe rose.

c. .... sont partis à 21 h.

d. .... le pays était choqué par cette disparition.

e. Elle les attend .... devant la poste.

f. .... les bijoux ont disparu !

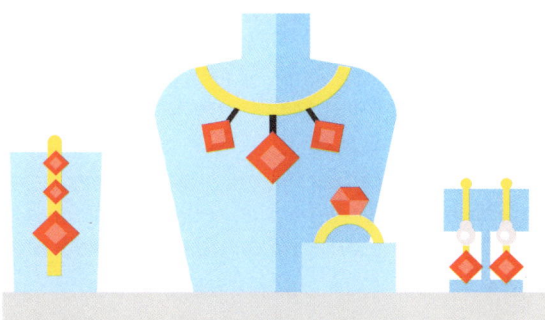

Espressioni con *tout*

Après tout	Dopo tutto	**Tout à fait**	Completamente, assolutamente, certamente
En tout cas	In ogni caso		
Pas du tout	Per niente, niente affatto	**Tout à l'heure**	Poco fa, tra poco
Tout à coup	All'improvviso	**Tous les deux jours**	Ogni due giorni

CAPITOLO 7: AGGETTIVI E PRONOMI INDEFINITI

5 Completate il dialogo con le espressioni date.

| Tout à fait | Tout à coup | Après tout | Pas du tout | En tout cas | Tout à l'heure |

« Salut Joël ! Ça va bien ?

– Non, **1.** .... !

– Que s'est-il passé ?

– Je rentrais à la maison en voiture lorsque **2.** ....,
une moto m'a percuté !

– Oh non ! Quand cela est-il arrivé ?

– **3.** ...., il y a environ 40 minutes.

– C'est de la faute du motard (= *motociclista*), n'est-ce pas ?

– Oui, **4.** .... ! **5.** ....,
j'espère ne pas avoir à payer pour les dégâts (= *i danni*) !

6. ...., ce n'est absolument pas de ma faute. »

Gli aggettivi indefiniti invariabili
(Les adjectifs indéfinis invariables)

Alcuni aggettivi indefiniti sono invariabili nel genere e/o nel numero.

Chaque (*ogni*) è usato solo al singolare, come la sua traduzione italiana: **Chaque jour, elle se lève à 6 h.**

Plusieurs (*parecchi/ie, più*) e **divers** (*vari, diversi*) sono invece solo plurali. **Plusieurs** è invariabile nel genere, mentre **divers** ha maschile e femminile distinti: **J'ai plusieurs crayons de papier dans ma trousse. Ils ont interpreté diverses chansons.**

Quelque, **même** e **autre** sono invariabili nel genere, sia al singolare che al plurale (come tutti i termini in **-e**): **Il habite le même appartement depuis 5 ans. Elle porte la même robe qu'hier. J'ai les mêmes chaussures que toi !**

Maschile e femminile singolari	Maschile e femminile plurali
Quelque / Même	Quelques / Mêmes

Nota: quelque è singolare solo in due circostanze: quando è un avverbio che indica approssimazione e vuol dire *circa*. **La poste est à quelque cent mètres.** → *La posta è a circa cento metri*; in forme fisse quali **quelque part**, **quelque chose**, ecc.

Nota: autre è sempre preceduto da un articolo (**un, l', une, d', les**).

CAPITOLO 7: AGGETTIVI E PRONOMI INDEFINITI

6 Completate con *chaque*, *chacun* o *chacune*.

a. .... maman a préparé un gâteau pour la fête de l'école.

b. Les filles sont ravies. Elles ont une chambre .... !

c. Le professeur distribue un livre à .... élève.

d. Ces bonbons coûtent 50 centimes ....

e. Les chambres sont très spacieuses ; .... est équipée d'une salle de bains.

7 Scrivete la forma corretta di ogni aggettivo indefinito.

a. Il reste .... (quelque/quelques) chocolats dans la boîte.

b. J'ai une .... (autre/autres) casquette dans la voiture.

c. Marianne a les .... (même/mêmes) idées que toi.

d. J'adore ton chien ! Adeline a le .... (même/mêmes).

e. La plage est à .... (quelque/quelques) trois cents mètres d'ici.

f. Clément et son frère sont encore ici. Les .... (autre/autres) sont déjà partis.

I pronomi indefiniti invariabili (Les pronoms indéfinis invariables)

Personne, **rien** e **quelque chose** sono invariabili in genere e numero. **Quelqu'un** (*qualcuno*) diventa **quelques-uns** e **quelques-unes** al plurale, e significa allora *alcuni/e*. **Personne** è il contrario di **quelqu'un**, come **rien** lo è di **quelque chose**.

Contrariamente alla forma aggettivale, il pronome **tout** che vuol dire *tutto, ogni cosa* è invariabile: **Nous comprenons tout.** → *Capiamo tutto.* **Tout est cher.** → *È tutto caro.*

Nota: con il senso di *tutti/e*, il pronome **tous/toutes** è distinto per genere: **Les filles sont arrivées ; toutes étaient en retard.** → *Sono arrivate le ragazze; erano tutte in ritardo.* Ricordiamo la pronuncia della **-s** nel pronome maschile **tous**.

CAPITOLO 7: AGGETTIVI E PRONOMI INDEFINITI

8 Evidenziate il pronome corretto secondo il contesto.

a. Il n'y a **quelqu'un / quelque chose / personne / rien** dans la cuisine. Où sont tes parents ?

b. Je vais à la pharmacie. Tu as besoin de **quelqu'un / quelque chose / personne / rien** ?

c. Connais-tu **quelqu'un / quelque chose / personne / rien** qui pourrait m'aider avec mes devoirs d'espagnol ?

d. Que va-t-on manger ce soir ? Il n'y a **quelqu'un / quelque chose / personne / rien** dans le frigo !

e. **Quelqu'un / Quelque chose / Personne / Rien** m'a dit que tu avais trouvé un travail !

f. Je n'ai **quelqu'un / quelque chose / personne / rien** à mettre ce soir pour sortir !

9 Traducete in francese le seguenti frasi.

a. Tutte le mie amiche sono in vacanza.

→ ....

b. Ha mangiato tutto il dolce!

→ ....

c. Ogni allievo ha lo stesso libro.

→ ....

d. Fabrice va in posta più volte a settimana.

→ ....

e. Certi/Alcuni piatti sono rotti (= **cassées**).

→ ....

f. Ci sono altri bicchieri in cucina.

→ ....

Complimenti!
Avete terminato il capitolo 7!
Ora contate le vostre icone trascrivendone il totale qui a fianco e poi riportatelo a p. 128.

8
La voce passiva

La voce attiva e la voce passiva
(La voix active et la voix passive)

Quando una frase è alla voce attiva, il soggetto è colui che fa l'azione. Alla voce passiva il soggetto invece subisce l'azione, compiuta dal complemento d'agente (se si tratta di una persona o di un animale) o di causa efficiente (se si tratta di una cosa). L'agente può essere espresso oppure no.

Voce attiva	Voce passiva
Sandrine a écrit le poème.	Le poème a été écrit par Sandrine
Soggetto compl. oggetto	*Soggetto compl. d'agente*

Il passivo francese si costruisce solo con **être** (coniugato al tempo desiderato) + participio passato. Non esistono equivalenti dei nostri passivi con *venire*. Dal momento che l'ausiliare è **être**, il participio si accorda col soggetto in genere e numero.

Nota: soltanto i verbi transitivi possono avere la forma passiva.

Tempi di **être**:

Presente ind.	Passato prossimo	Imperfetto ind.
Il est mangé	**Il a été mangé**	**Il était mangé**
Futuro semplice	Condizionale pres.	Passato remoto
Il sera mangé	**Il serait mangé**	**Il fut mangé**

Il francese tende a usare il passivo meno dell'italiano. Di norma si preferisce sostituirlo con la corrispondente frase attiva; quando il complemento d'agente non è espresso, la frase attiva reca come soggetto **on** (per approfondimenti cfr. pag. 62).

I Coniugate al passivo i verbi delle seguenti frasi.

es. Les bonbons ont été mangés (manger/pass. pross.) par les enfants.

a. Cette lettre .... (envoyer/pass. pross.) il y a deux semaines.

b. La tarte au citron .... (préparer/pass. pross.) par ma grand-mère.

c. Annette .... (accueillir/fut. sempl.) par Jean-Philippe.

d. Les histoires .... (lire/pres. ind.) par l'institutrice.

e. Ce roman .... (écrire/pass. pross.) par un jeune auteur talentueux.

f. Les jardins .... (arroser/fut. sempl.) par notre jardinier.

CAPITOLO 8: LA VOCE PASSIVA

2 Specificate quale tempo verbale è usato in ognuna di queste frasi.

a. Les forêts ont été détruites à 80 %. → ....

b. Les orangs-outans seront sauvés si nous collectons les fonds nécessaires.
→ ....

c. Le ministre était protégé. → ....

d. L'imprimerie a été inventée par Gutenberg. → ....

e. La fête est organisée par l'école. → ....

f. Les maisons seraient vendues par l'agent immobilier. → ....

3 Volgete alla voce attiva le seguenti frasi passive.

a. Le paysage est peint par l'artiste.
→ ....

b. Le pays a été envahi par les soldats.
→ ....

c. La cathédrale sera construite par l'architecte.
→ ....

d. L'enfant serait mordu par le chien.
→ ....

e. La mairie fut détruite par l'incendie.
→ ....

4 Volgete alla voce passiva le seguenti frasi attive.

a. Anaïs a cassé le vase. → ....

b. Le Premier ministre signera l'accord demain matin.
→ ....

c. L'artiste crée cette œuvre d'art. → ....

d. Le professeur punissait les élèves. → ....

e. Vauban construisit cette citadelle. → ....

CAPITOLO 8: LA VOCE PASSIVA

Le preposizioni con il passivo
(Les prépositions avec le passif)

Nella maggior parte dei casi, il complemento d'agente o di causa efficiente è introdotto dalla preposizione **par** (*da*). Tuttavia, ci sono alcuni verbi che esigono la preposizione **de** con il passivo: si tratta di verbi di sentimento od opinione, come **aimer**, **admirer**, **haïr**, ecc., o di verbi indicanti una condizione non modificabile.

5 Associate ai seguenti verbi francesi le rispettive traduzioni italiane.

1.	Accompagné de	11.	Entouré de
2.	Admiré de	12.	Équipé de
3.	Aimé de	13.	Estimé de
4.	Apprécié de	14.	Haï de
5.	Bordé de	15.	Ignoré de
6.	Connu de	16.	Oublié de
7.	Couvert de	17.	Précédé de
8.	Craint de	18.	Respecté de
9.	Décoré de	19.	Suivi de
10.	Détesté de	20.	Touché de

a.	*Apprezzato da*
b.	*Rispettato da*
c.	*Temuto da*
d.	*Circondato da*
e.	*Ignorato da*
f.	*Accompagnato da*
g.	*Conosciuto da*
h.	*Dimenticato da*
i.	*Amato da*
j.	*Preceduto da*

k.	*Decorato da/con*
l.	*Ammirato da*
m.	*Delimitato da*
n.	*Stimato da*
o.	*Detestato da*
p.	*Coperto di*
q.	*Dotato di*
r.	*Seguito da*
s.	*Toccato da*
t.	*Odiato da*

1.	
2.	
3.	
4.	
5.	
6.	
7.	
8.	
9.	
10.	
11.	
12.	
13.	
14.	
15.	
16.	
17.	
18.	
19.	
20.	

CAPITOLO 8: LA VOCE PASSIVA

6 Completate con *par*, *de* o *d'*.

a. La maison a été construite .... ses grands-parents.
b. Le sol est couvert .... neige ce matin.
c. La directrice est respectée .... tous ses employés.
d. Le vieille dame a été renversée .... la moto.
e. Les enfants seront accompagnés .... leurs professeurs.
f. Ce repas a été cuisiné .... les parents de Bérengère.
g. Sylvain est aimé .... de tous ses amis.
h. Le pelouse est bordée .... azalées.

7 Traducete in francese le seguenti frasi, usando i participi passati seguiti da *de*.

a. È odiato dai suoi colleghi. → Il est ....
b. Il film sarà seguito da un dibattito. → Le film sera ....
c. Lo chalet è circondato da grandi alberi. → Le chalet est ....
d. Didier viene spesso ignorato dai suoi cugini. → Didier est ....
e. La casa è dotata di un garage. → ....

Evitare la voce passiva (Éviter la voix passive)

Sebbene la forma passiva sia utilizzata soprattutto nei giornali o nelle opere di carattere più tecnico, il francese tende a sostituirla quando possibile con l'attiva, per ragioni di "pesantezza" dell'enunciato. A questo fine ci sono più possibilità, ad esempio la **mise en relief**: **C'est / Ce sont… qui… : Ce portrait a été dessiné par un enfant.** → **C'est un enfant qui a dessiné ce portrait.** La frase torna attiva spostando il focus su chi compie l'azione.

Un'altra possibilità concerne **on**, il pronome impersonale di terza persona singolare, utilizzato per rendere attiva una frase in cui chi fa l'azione non è specificato: **Beaucoup de voitures sont fabriquées dans cette région.** → **On fabrique beaucoup de voitures dans cette région.**

Il *si* passivante (Le passif et les verbes réfléchis)

Come in italiano, per evitare il passivo si può anche ricorrere alla costruzione che noi chiamiamo del "si passivante", ossia il pronome riflessivo **se** e il verbo alla 3ª persona, singolare o plurale, ancora una volta in casi in cui l'agente non sia espresso: **Les voitures se vendent toujours bien en France.**

CAPITOLO 8: LA VOCE PASSIVA

8 **Trasformate le seguenti frasi passive usando** *C'est / Ce sont... qui.*

es. La viande est mangée par le chien. → C'est le chien qui mange la viande.

a. Les crêpes ont été préparées par Sonia.
→ ....

b. Ta chambre a été rangée par tes frères.
→ ....

c. Son nouveau pantalon lui sera offert par toi.
→ ....

d. Toute la vérité a été racontée par Amandine. →
....

e. Le vase a été cassé par les enfants. → ....

f. Il a été réveillé par tes rires. → ....

9 **Trasformate le seguenti frasi passive usando il pronome** *on*.

a. La pièce de théâtre a été annulée.
→ ....

b. Le voleur a été arrêté.
→ ....

c. Le français est parlé dans plus de 30 pays.
→ ....

d. La décision a été prise hier soir.
→ ....

e. L'environnement est négligé.
→ ....

f. La mairie a été bâtie en 1985.
→ ....

CAPITOLO 8: LA VOCE PASSIVA

10 Trasformate le seguenti frasi usando il *se passivante* (mantenete i tempi verbali).

a. Il a très bien vendu son roman.

→ Son roman .... (se vendre).

b. Vous devrez prendre ce médicament avec un verre d'eau.

→ Ce médicament .... (se prendre).

c. Les gens parlent français à Montréal.

→ Le français .... (se parler).

d. Il faut boire le vin rouge à température ambiante.

→ Le vin rouge .... (se boire).

e. On lui a offert une très jolie bague.

→ Elle .... (se faire offrir).

f. On pourrait observer cette nouvelle tendance à Tokyo.

→ Cette nouvelle tendance .... (s'observer).

Complimenti!
Avete terminato il capitolo 8!
Ora contate le vostre icone trascrivendone il totale qui a fianco e poi riportatelo a p. 128.

Preposizioni e locuzioni prepositive

Preposizioni e mezzi di trasporto
(Prépositions et moyens de transport)

Per esprimere il modo di viaggiare o di spostarsi, di norma il francese utilizza **en** quando si tratta di un mezzo di trasporto chiuso.
La preposizione **à** è invece generalmente usata negli altri casi.

1 Collegate ogni espressione con i mezzi di trasporto alla relativa illustrazione.

1. En avion • • a.
2. En bateau • • b.
3. À bicyclette / vélo • • c.
4. En bus • • d.
5. À cheval • • e.
6. À moto • • f.
7. À pied • • g.
8. En train • • h.
9. En taxi • • i.
10. En tramway • • j.
11. À ski • • k.
12. En voiture • • l.

CAPITOLO 9: PREPOSIZIONI E LOCUZIONI PREPOSITIVE

Preposizioni di modo o maniera
(Prépositions exprimant la manière)

La preposizione **en** seguita da un participio presente corrisponde al nostro gerundio ed esprime generalmente la maniera in cui l'azione si compie: **Il est sorti en claquant la porte.** → *È uscito sbattendo la porta.*

La preposizione **à** seguita dall'articolo determinativo femminile **la** si traduce analogamente in italiano con *alla* e indica la maniera o lo stile con cui si fa qualcosa: **à la japonaise**, *alla giapponese*.

Anche **avec** e **sans** esprimono spesso il modo di fare qualcosa: **Il a fait ses exercices de maths sans effort.** → *Ha fatto i suoi esercizi di matematica senza fatica.*

2 Collegate le seguenti espressioni con i loro corrispettivi italiani.

1. (Chanter) à tue-tête •
2. À voix haute •
3. À vapeur •
4. À la diable •
5. À la française •
6. En ordre •
7. (Fait) à la main •
8. À la traîne •
9. À voix basse •
10. À la mode de •

• a. Alla diavola
• b. A voce bassa / A bassa voce
• c. A mano
• d. Alla francese
• e. A vapore
• f. A voce alta / Ad alta voce
• g. A squarciagola
• h. Alla moda / maniera di
• i. In ordine / A posto
• j. Indietro / In ritardo

3 Traducete in francese le seguenti frasi utilizzando le preposizioni *en, par, à, avec* o *sans*.

a. Andiamo a scuola in/con il bus. → ....

b. Questo vaso è stato fatto a mano. → ....

c. Un tempo, le persone viaggiavano a cavallo. → ....

d. Ha lasciato la stanza piangendo. → ....

e. Andrai in Portogallo in aereo? → ....

f. È entrato in casa con cautela. → ....

g. Verrò alla festa con piacere. → ....

CAPITOLO 9: PREPOSIZIONI E LOCUZIONI PREPOSITIVE

Preposizioni e locuzioni preposizionali per esprimere la causa (*Prépositions exprimant la cause*)

Preposizioni e locuzioni di questo tipo introducono vari complementi indiretti che in italiano indichiamo come complementi di causa, di colpa, ecc.

De	*Di, Per*
Par	*Per*
Pour	*Per*
À cause de, Du fait de	*A causa di*
En raison de	*A causa di, Per via di*
Étant donné(e)(s)	*Dato/a/i/e*
Vu	*Visto/a/i/e, Tenuto conto di*
Grâce à	*Grazie a*
Faute de	*Per / In mancanza di*
À force de	*A forza di*

4 Completate con le preposizioni o locuzioni appropriate.

FAUTE DE   PAR   GRÂCE À   POUR   À FORCE DE   DE   EN RAISON DE

a. Romain n'est pas triste ! Il pleure .... joie !

b. Martine aime cette ville .... son calme.

c. Nous sommes rentrés .... la pluie.

d. .... temps, nous n'avons pu visiter le musée.

e. .... Marc, j'ai réussi mon examen.

f. Guillaume a été malade .... manger trop de bonbons.

g. Il est parti vivre en Italie .... amour.

5 Traducete in italiano le frasi dell'esercizio 4.

a. ....
b. ....
c. ....
d. ....
e. ....
f. ....
g. ....

CAPITOLO 9: PREPOSIZIONI E LOCUZIONI PREPOSITIVE

Preposizioni e locuzioni di esclusione e opposizione
(Prépositions exprimant la restriction et l'opposition)

Indicano rispettivamente l'esclusione di qualcuno o qualcosa da un insieme e l'opposizione di qualcuno o qualcosa alla realizzazione di un evento.

Esclusione		Opposizione	
En dehors de + nome	All'infuori di, Oltre a	**Au lieu de** + inf.	Al posto di, In luogo di
Excepté + nome	Eccetto	**Contrairement à** + nome	Contrariamente a
Hormis + nome	Tranne, Salvo	**En dépit de** + nome	A dispetto di
Faute de + nome	Per / In mancanza di		
Sauf + nome	Salvo, Tranne	**Malgré** + nome	Malgrado

6 Traducete in francese le seguenti frasi.

a. Per mancanza di soldi non sono andati/e in vacanza.

→ ....

b. Sono arrivati tutti gli invitati tranne mia cugina!

→ ....

c. Malgrado il caldo, i miei genitori sono andati a vedere le piramidi.

→ ....

d. Contrariamente alle apparenze, Sofiane è molto generoso.

→ ....

e. Bénédicte ha ordinato del pesce al posto del pollo che ordina di solito.

→ ....

CAPITOLO 9: PREPOSIZIONI E LOCUZIONI PREPOSITIVE

Preposizioni e locuzioni di fine o scopo
(Prépositions exprimant le but)

Afin de + inf.	*Al fine di*
De façon à + inf.	*In modo da*
De manière à + inf.	*In modo da*
De peur de + inf. / nome	*Per timore di*
Pour + inf. / nome	*Per*
En vue de + inf. + nome	*In vista di*
Dans l'intention de + inf.	*Con l'intenzione di*
Dans le but de + inf.	*Allo scopo di*

Si usano per introdurre i complementi di fine o scopo.

7 Riunite le due parti di ciascun periodo.

1. Fleur a préféré conduire •
2. J'ai économisé de l'argent •
3. Sébastien porte une casquette •
4. Nous mangeons moins de gâteaux •
5. Elle a commencé à courir •
6. Mon père a accepté ce nouvel emploi •

- a. **afin de** se protéger du soleil.
- b. **dans le but** de perdre du poids.
- c. **de peur d'**arriver en retard.
- d. **en vue d'**une augmentation de salaire.
- e. **de peur que** le train ne soit annulé.
- f. **pour** acheter une voiture.

8 Traducete in italiano le frasi ottenute nell'esercizio 7.

a. ....
b. ....
c. ....
d. ....
e. ....
f. ....
g. ....

CAPITOLO 9: PREPOSIZIONI E LOCUZIONI PREPOSITIVE

9 Evidenziate la preposizione o locuzione prepositiva e dite a quale categoria appartiene.

Categorie: Luogo / Tempo / Modo / Causa / Opposizione / Scopo

a. Emma étudie à l'université pour faire plaisir à ses parents.

→ ....

b. Romuald va venir me voir en avril.

→ ....

c. Pascale est arrivée en retard à son rendez-vous en raison des grèves de bus.

→ ....

d. En dépit de son âge, ma grand-mère marche 5 kilomètres tous les jours !

→ ....

e. La pharmacie se trouve à côté de la poste.

→ ....

f. Diane est sortie du cinéma en pleurant.

→ ....

10 Completate con le preposizioni o locuzioni appropriate.

au lieu de   sauf   en dehors de   en dépit de   hormis   contrairement

a. .... quelques enfants, tous ses copains étaient là.
b. Tout le monde est venu, ... ses parents.
c. Personne .... Marie et Constant ne doit connaître la vérité.
d. .... la pluie, nous avons mangé dehors !
e. .... aux rumeurs, l'acteur ne s'est pas marié.
f. Il faut étudier .... jouer aux jeux vidéo.

Complimenti!
Avete terminato il capitolo 9!
Ora contate le vostre icone trascrivendone il totale qui a fianco e poi riportatelo a p. 128.

L'indicativo trapassato prossimo

Il trapassato prossimo *(Le plus-que-parfait)*

Il trapassato prossimo è un tempo del modo indicativo che si usa per esprimere un'azione passata antecedente a un'altra azione passata, come accade anche in italiano: **Nous sommes arrivés à 16 heures, mais il était déjà parti avec sa mère.** → *Siamo arrivati alle 16, ma lui era già andato via con sua madre.*

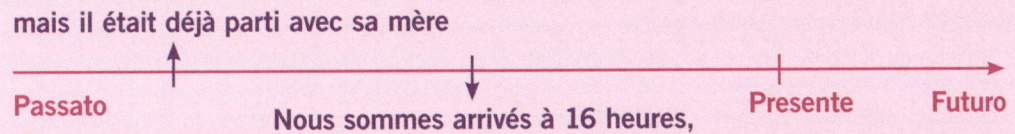

L'altra azione passata è di norma espressa con il passato prossimo o con l'imperfetto. Il **plus-que-parfait** è un tempo composto, formato dall'imperfetto indicativo degli ausiliari **avoir** o **être** seguito dal participio passato del verbo da coniugare.

I Completate gli schemi coniugando *avoir* e *être* all'imperfetto indicativo.

Essere	Être
Ero	J'........................
Eri	Tu ....
Era	Il/Elle/On ....
Eravamo	Nous ....
Eravate	Vous ....
Erano	Ils/Elles ....

Avere	Avoir
Avevo	J'........................
Avevi	Tu ....
Aveva	Il/Elle/On ....
Avevamo	Nous ....
Avevate	Vous ....
Avevano	Ils/Elles ....

Il participio passato *(Le participe passé)*

La scelta dell'ausiliare non ricalca esattamente i casi dell'italiano. L'ausiliare **être** è meno presente in francese, e per non sbagliare, con i verbi attivi, vi diamo un piccolo suggerimento: ricordate il buffo acronimo **MRS VANDERTRAMP**? Ritrovatelo nel nostro quaderno di esercizi *Francese - Principianti* a pag. 52.

CAPITOLO 10: L'INDICATIVO TRAPASSATO PROSSIMO

 Non avete dimenticato MRS VANDERTRAMP, vero? (Quaderno di Francese, Principianti, pag. 52). Completate la tabella con i verbi attivi che vogliono *être* come ausiliare.

	Verbo	Traduzione
M	Monter	Salire
R		
S		
V		
A		
N		
D		
E		
R		
T		
R		
A		
M		
P		

 Scrivete il participio passato dei seguenti verbi e poi traducetelo in italiano.

Infinito	Participio passato	Traduzione
a. Arriver	**Arrivé**	*Arrivato*
b. Manger		
c. Partir		
d. Aller		
e. Finir		

CAPITOLO 10: L'INDICATIVO TRAPASSATO PROSSIMO

f. Descendre	....	....
g. Naître	....	....
h. Sortir	....	....
i. Venir	....	....
j. Mourir	....	....
k. Perdre	....	....
l. Lire	....	....
m. Faire	....	....
n. Prendre	....	....
o. Vendre	....	....

4 Completate con il participio passato dei verbi dati all'infinito.

~~PARTIR~~   ALLER   CROIRE   LIRE   PRENDRE   DÉSOBÉIR   RÉSERVER

es. Nous sommes arrivés à 16 heures, mais il était déjà <u>parti</u> avec sa mère.

a. Il n'y avait pas de place chez ma cousine ; heureusement, papa avait .... une chambre à l'hôtel !

b. Je voulais un nouveau livre car j'avais .... tous ceux qui étaient dans sa bibliothèque !

c. Parce qu'il avait dit que c'était l'été en Islande, nous n'avions .... que des vêtements légers !

d. Nous avons trouvé le chemin facilement parce qu'il était déjà .... chez Yves.

e. Marceau était grognon car il avait déjà .... la veille.

f. Davy avait .... que tu n'aimais pas sa musique.

CAPITOLO 10: L'INDICATIVO TRAPASSATO PROSSIMO

L'accordo con *être* (L'accord avec « être »)

Le regole di accordo del participio passato nel trapassato prossimo sono le stesse del **passé composé** e di tutti i tempi composti. Con l'ausiliare **être**, il participio si accorda in genere e numero con il soggetto: **Elle était allée au restaurant. Ils étaient rentrés à 21 heures.**

Con l'ausiliare **avoir**, l'accordo si fa solo ogni volta che il complemento oggetto precede il verbo: **Elle avait acheté la robe.**
→ **Elle l'avait achetée. Quelles photos avais-tu envoyées ?**

Modi di dire con i verbi che vogliono l'aus. *être*
(Expressions idiomatiques avec verbes prenant « être »)

Aller tout seul (ça va...)	Essere un gioco da ragazzi
Arriver à la cheville	Essere all'altezza
Mourir de rire	Morire dal ridere
Partir au quart de tour	Andare rapidamente su tutte le furie
Rester sur sa faim	Rimanere deluso o insoddisfatto
Retourner le couteau dans la plaie	Girare il coltello nella piaga
Sortir tout seul (ça sort...)	Venire fuori / Uscire di getto
Tomber dans le panneau	Cascarci
Venir / Tomber à point	Arrivare al momento giusto / Cascare a fagiolo

5 Evidenziate la forma corretta di ogni participio passato.

a. Elles avaient **mangé** / **mangés** / **mangée** / **mangées** tous les bonbons.

b. Les garçons étaient **tombé** / **tombés** / **tombée** / **tombées** dans le panneau !

c. Les tomates étaient pourries ; il les avait **jeté** / **jetés** / **jetée** / **jetées** à la poubelle.

d. Renaud avait **cassé** / **cassés** / **cassée** / **cassées** les assiettes.

e. La robe de Sylvie n'était pas perdue ; Marguerite l'avait **rangé** / **rangés** / **rangée** / **rangées** dans ton placard !

6 *Avoir* o *être*: scegliete il giusto ausiliare e coniugatelo all'imperfetto.

a. Elle .... décidé de partir en vacances.
b. Nous .... venus tous ensemble dans la même voiture.
c. Michel .... sorti à toute allure (= *a tutta velocità*).
d. Inès et Solange .... fini le gâteau que Caroline .... préparé.
e. Vincent .... descendu du bus puis .... acheté un billet de train.
f. Nous .... déjà allés en Espagne lorsqu'il nous a rendu visite.

7 Sostituite i complementi oggetti sottolineati con un pronome e accordate i participi.

es. Elles avaient mangé les bonbons. → Elles les avaient mangés.

a. Nous avions préparé les lits pour les invités.
→ ....
b. Papa avait déjà sorti les poubelles. → ....
c. J'avais descendu les bagages dans le jardin.
→ ....
d. Zita avait rentré la voiture dans le garage.
→ ....
e. Vous aviez compris les instructions ?
→ ....

8 Coniugate al *plus-que-parfait* i verbi tra parentesi.

a. Nous .... (tomber) dans la piscine !
b. Mathilde .... (porter) tous les sacs de course.
c. Elles .... (répondre) à toutes les questions.
d. J'.......................... (sortir) par la porte d'entrée.
e. Tu .... (prendre) ton manteau avant de partir ?
f. Il n'.......................... (vendre) son livre d'informatique.

CAPITOLO 10: L'INDICATIVO TRAPASSATO PROSSIMO

9 Sottolineate le forme verbali e dite a quale tempo sono coniugate.

a. Il était mort de rire parce qu'elle avait mis son tee-shirt à l'envers.

→ ....

b. Nadège était restée sur sa faim car la fin du livre avait été vraiment surprenante.

→ ....

c. La vérité est sortie toute seule parce que Clément n'avait pas fait suffisamment attention.

→ ....

d. David avait prétendu être malade et Jérôme est tombé dans le panneau.

→ ....

e. La pluie est venue à point car les arbustes avaient commencé à dépérir.

→ ....

10 Traducete in italiano le frasi dell'esercizio 9.

a. → ....

b. → ....

c. → ....

d. → ....

e. → ....

Complimenti!
Avete terminato il capitolo 10!
Ora contate le vostre icone trascrivendone il totale qui a fianco e poi riportatelo a p. 128.

11
L'indicativo passato remoto e trapassato remoto

Il passato remoto (Le passé simple)

L'uso del passato remoto in francese si è conservato di meno che in italiano, tuttavia è indispensabile conoscerlo per poter leggere la narrativa e la lingua scritta di registro più elevato in generale. Per contro all'orale potrà capitare di sentirlo solo in occasione di conferenze o rappresentazioni teatrali, e così via, e soprattutto alle 3e persone.

Il passato remoto indica un'azione puntuale passata; quello regolare si forma aggiungendo al tema dell'infinito una delle tre possibili serie di desinenze.

- **Verbi del 1° gruppo + aller** (es. **aimer, écouter, parler, donner**): **j'aimai, tu aimas, il aima, nous aimâmes, vous aimâtes, ils aimèrent**

Pronome	Desinenze	Pronome	Desinenze
Je	-ai	Nous	-âmes
Tu	-as	Vous	-âtes
Il/Elle/On	-a	Ils/Elles	-èrent

- **Verbi del 2° gruppo** (**finir, choisir**) **e molti verbi del 3°** (in **-ir**: es. **dormir, partir**: **je dormis, tu dormis, il dormit, nous dormîmes, vous dormîtes, ils dormirent**; in **-oir**: **voir**; in **-re**: es. **dire, prendre, tendre**)

Pronome	Desinenze	Pronome	Desinenze
Je	-is	Nous	-îmes
Tu	-is	Vous	-îtes
Il/Elle/On	-it	Ils/Elles	-irent

- **Il resto dei verbi del 3° gruppo** (quasi tutti i verbi in **-oir**, es. **vouloir, devoir, pouvoir, savoir**: **je voulus, tu voulus, il voulut, nous voulûmes, vous voulûtes, ils voulurent**; in **-re**, es. **croire, boire, vivre, connaître, descendre**)

Pronome	Desinenze	Pronome	Desinenze
Je	-us	Nous	-ûmes
Tu	-us	Vous	-ûtes
Il/Elle/On	-ut	Ils/Elles	-urent

CAPITOLO 11: L'INDICATIVO PASSATO REMOTO E TRAPASSATO REMOTO

1 Collegate i pronomi soggetto alle corrispondenti forme verbali coniugate al *passé simple*.

Je • • vendîtes

Tu • • crûmes

Il/Elle/On • • donnai

Nous • • bus

Vous • • parlèrent

Ils/Elles • • finit

2 Coniugate gli infiniti tra parentesi al passato remoto.

a. Nous .... (descendre) les escaliers rapidement.

b. Ils .... (voir) la star de cinéma dans le café.

c. Je .... (partir) vers 11 h pour arriver à Cannes à 17 h.

d. Vous .... (choisir) d'aller en Italie plutôt qu'en Espagne.

e. Tu .... (rentrer) à 11 h du soir !

f. Elle .... (donner) son manteau à sa cousine.

3 Traducete in italiano le frasi dell'esercizio 2.

a. ....

b. ....

c. ....

d. ....

e. ....

f. ....

CAPITOLO 11: L'INDICATIVO PASSATO REMOTO E TRAPASSATO REMOTO

4 Scrivete l'infinito e la traduzione italiana di ognuno dei seguenti passati remoti.

es. Ils <u>aimèrent</u> la pièce de théâtre. → aimer → *amare, piacere*

a. Elle <u>vit</u> un homme masqué dans la banque. → .... → ....

b. Nous <u>mîmes</u> 100 euros dans la tirelire. → .... → ....

c. Ils <u>purent</u> rentrer en voiture. → .... → ....

d. Je <u>pris</u> un billet de train pour Cannes. → .... → ....

e. Vous <u>chantâtes</u> *La vie en rose* d'Édith Piaf. → .... → ....

f. Tu <u>oublias</u> les numéros de téléphone. → .... → ....

5 Traducete in francese le seguenti frasi.

a. Scegliemmo l'orologio (da polso) più caro del negozio.

→ ....

b. Feci una lunga passeggiata nel bosco.

→ ....

c. Andò a Londra e prese la metropolitana.

→ ....

d. Nascondeste il cioccolato nella credenza.

→ ....

e. Guidarono fino a Lille.

→ ....

f. Bevesti tutta la bottiglia di Orangina®!

→ ....

6 Evidenziate la forma corretta di ogni passato remoto.

a. Vous **utilisez / utilisiez / utilisâtes** l'ordinateur de Sophie pour terminer votre essai.
b. Elle **sortit / sort / sortirent** dans le jardin lorsque la pluie cessa.
c. Nous **quittons / quittâmes / quitta** le pays lorsque la guerre fut déclarée.
d. J'**amenai / amènerai / amène** le gâteau pour l'anniversaire de Gaëtan.
e. **Concluaient / Conclurent / Conclûtes** -ils que l'accusé était coupable ?
f. Tu **dors / dormiras / dormis** profondément jusqu'au petit matin (= *le prime ore del mattino*).

CAPITOLO 11: L'INDICATIVO PASSATO REMOTO E TRAPASSATO REMOTO

Verbi con particolarità al passato remoto
(Cas particuliers du 1er groupe au passé simple)

Alcuni verbi del 1° gruppo sono soggetti a modificazioni ortografiche, che al **passé simple** riguardano tutte le persone tranne la 3ª plurale.

Verbi in *-ger* e in *-cer* al passato remoto:

- i verbi in **-ger** modificano la **-g** in **-ge** prima della **-a** per non cambiare la pronuncia della **-g**: **manger** ➡ **je mangeai, tu mangeas, il/elle/on mangea, nous mangeâmes, vous mangeâtes, ils/elles mangèrent.**
- i verbi in **-cer** modificano la **-c** in **-ç** prima della **-a** per non cambiare la pronuncia della **-c**: **placer** ➡ **je plaçai, tu plaças, il/elle/on plaça, nous plaçâmes, vous plaçâtes, ils/elles placèrent**. Questa stessa regola si applica anche ai verbi del 3° gruppo in **-cevoir** come **recevoir, apercevoir** o **décevoir**, prima della **-u** a tutte le persone: **je reçus**, ecc.

7 Coniugate i seguenti verbi al passato remoto.

a. Tu .... (effacer) le tableau rapidement.

b. Tes parents .... (divorcer) en 2015.

c. Il y a deux ans, nous .... (voyager) en helicoptère.

d. Je .... (mélanger) le bleu et le jaune pour obtenir du vert.

e. Alain et toi .... (déranger) les voisins avec votre bruyante moto.

f. Le voleur .... (menacer) le responsable du magasin avec un couteau.

I verbi ausiliari al passato remoto

Être	Avoir
Je fus	J'eus
Tu fus	Tu eus
Il/Elle/On fut	Il/Elle/On eut
Nous fûmes	Nous eûmes
Vous fûtes	Vous eûtes
Ils/Elles furent	Ils/Elles eurent

CAPITOLO 11: L'INDICATIVO PASSATO REMOTO E TRAPASSATO REMOTO

8 Inserite le forme appropriate di *être* o *avoir* al passato remoto secondo il contesto.

a. Christophe et moi .... très surpris de voir ta mère au match de rugby !
b. ....-ils suffisamment de place dans la voiture avec tous les bagages ?
c. Vous .... faim aussi puisque vous n'aviez pas mangé de la journée !
d. Je .... ravie de votre présence à la conférence.
e. Nous .... la joie d'accueillir le président du club.
f. Les joueuses de l'équipe de basket-ball .... accueillies par leurs familles.

I più comuni verbi irregolari al passato remoto
(Les verbes irréguliers fréquents au passé simple)

Français	Italiano	Radice
Boire [bwaR]	*Bere*	**bu-**
Connaître [kOnEtR]	*Conoscere*	**connu-**
Construire [koⁿstRüiR]	*Costruire*	**construis-**
Courir [kuRiR]	*Correre*	**couru-**
Craindre [kREⁿdR]	*Temere*	**craigni-**
Croire [kRwaR]	*Credere*	**cru-**
Devoir [dëvwaR]	*Dovere*	**du-**
Dire [diR]	*Dire*	**di-**
Écrire [ekRiR]	*Scrivere*	**écrivi-**
Faire [fER]	*Fare*	**fi-**
Lire [liR]	*Leggere*	**lu-**
Mettre [mEtR]	*Mettere*	**mi-**
Mourir [muRiR]	*Morire*	**mouru-**
Naître [nEtR]	*Nascere*	**naqui-**
Ouvrir [uvRiR]	*Aprire*	**ouvri-**
Peindre [pEⁿdR]	*Dipingere*	**peigni-**

CAPITOLO 11: L'INDICATIVO PASSATO REMOTO E TRAPASSATO REMOTO

Français	Italiano	Radice
Plaire [plER]	*Piacere*	**plu-**
Pouvoir [puvwaR]	*Potere*	**pu-**
Prendre [pRaⁿdR]	*Prendere*	**pri-**
Recevoir [RësëvwaR]	*Ricevere*	**reçu-**
Savoir [savwaR]	*Sapere*	**su-**
Tenir [tëniR]	*Tenere*	**tin- (je tins…)**
Venir [vëniR]	*Venire*	**vin- (je vins…)**
Vivre [vivR]	*Vivere*	**vécu-**
Voir [vwaR]	*Vedere*	**vi-**
Vouloir [vulwaR]	*Volere*	**voulu-**

Il trapassato remoto *(Le passé antérieur)*

Questo tempo, anch'esso oggi appartenente alla lingua letteraria, si forma con l'ausiliare coniugato al passato remoto e il participio passato del verbo (**j'eus fait ; tu fus parti(e)**). Si usa per esprimere un'azione passata antecedente a un'altra azione passata espressa al passato remoto.

9 Coniugate i seguenti verbi al trapassato remoto nella persona indicata.

a. **aller** → je ....
b. **craindre** → elle ....
c. **savoir** → nous ....
d. **finir** → ils ....

e. **croire** → vous ....
f. **marcher** → tu ....
g. **venir** → elles ....
h. **être** → il ....

CAPITOLO 11: L'INDICATIVO PASSATO REMOTO E TRAPASSATO REMOTO

 Coniugate al *passé simple* i seguenti verbi.

Vous .... (tenir)	Vous .... (plaire)
Tu .... (recevoir)	Ils .... (mourir)
Je .... (devoir)	Vous .... (ouvrir)
Tu .... (peindre)	Nous .... (prendre)
Je .... (vivre)	Elle .... (savoir)
Tu .... (boire)	Nous .... (vouloir)
Ils .... (faire)	Il .... (voir)
Vous .... (pouvoir)	Nous .... (connaître)
Elles .... (écrire)	Elle .... (construire)

11 Nel racconto qui sotto, sottolineate in verde i passati remoti, in rosso gli imperfetti e in nero gli infiniti.

« Je me déplaçai avec précaution. Il me fallait avancer lentement afin de ne pas alerter les habitants de la maison. Au loin, un chien aboya. Des enfants passèrent devant la maison en chantant. Alors que je les observais discrètement par la fenêtre, mon pied se prit dans le tapis et je trébuchai. En essayant de me rattraper, je me cognai contre le meuble du salon et un vase tomba. Le fracas causé par sa chute résonna dans toute la maison et me fit trembler. Avaient-ils entendu ? »

12 Evidenziate la forma corretta di ogni passato remoto.

1. Mes sœurs **vinrent / venirent / venurent** me chercher à la gare.

2. Il **coura / courut / courit** pendant deux heures dans le parc.

3. Je **craignis / craignus / craignai** d'avoir oublié mon portable à la cafétéria.

4. Nous **croirâmes / crîmes / crûmes** sans hésiter à son histoire.

5. Tu **devas / dis / dus** changer d'avis face à l'évidence.

6. Vous **écrirâtes / écrivîtes / écrirîtes** une lettre émouvante à vos parents.

CAPITOLO 11: L'INDICATIVO PASSATO REMOTO E TRAPASSATO REMOTO

 Coniugate al passato remoto gli infiniti dati tra parentesi in italiano.

a. Nous .... (*andare*) dîner au restaurant japonais.

b. Ils .... (*aprire*) exceptionnellement le magasin à huit heures du matin.

c. Vous .... (*credere*) que le manteau appartenait à Lydia.

d. Tu .... (*ricevere*) la lettre de Xavier samedi dernier.

e. Je .... (*venire*) au monde en janvier 1985.

f. Nous .... (*vivere*) heureux et .... (*avere*) beaucoup d'enfants.

Complimenti!
Avete terminato il capitolo 11!
Ora contate le vostre icone trascrivendone il totale qui a fianco e poi riportatelo a p. 128.

Aggettivi e pronomi dimostrativi

Gli aggettivi dimostrativi *(Les adjectifs démonstratifs)*

Corrispondono tanto a *questo/questa/quest'*, *questi/queste*, quanto a *quel/quello/quella/quell'*, *quei/quegli/quelle*.

Un solo plurale per entrambi i generi (**ces fleurs** ; **ces arbres**).

Il maschile singolare **ce** diventa **cet** prima della **h** muta e delle vocali (**cet homme** ; **cet avocat**).

Per esprimere più chiaramente la distanza, si possono aggiungere **-ci** e **-là** al nome (**cette assiette-ci**, **ce jour-là**). **-ci** e **-là** sono avverbi di luogo (**-ci** = ici; **-là** = là-bas).

	Maschile	Femminile
Singolare	Ce/Cet	Cette
Plurale	Ces	Ces

1 Completate con *ce*, *cet*, *cette* o *ces*.

a. J'adore .... jupe !

b. Il veut .... jeux vidéo.

c. Nous avons immédiatement reconnu .... homme.

d. Vous n'aimez pas .... plat. Il est trop épicé.

e. .... tableaux sont-ils à vendre ?

f. .... arbre est immense !

2 Traducete in francese le seguenti frasi.

a. Questi fiori sono molto profumati. → ....

b. Quel bambino è scontroso. → ....

c. Adoro questa canzone. → ....

d. Detestiamo questo argomento. → ....

e. Vorresti quel dolce? → ....

f. Questi esercizi sono così difficili! → ....

CAPITOLO 12: AGGETTIVI E PRONOMI DIMOSTRATIVI

Differenza tra *ces* e *ses*
(Différence entre « ces » et « ses »)

Ces è aggettivo dimostrativo plurale, mentre **ses** è aggettivo possessivo plurale. La pronuncia identica fa sì che possano confondersi al momento di scriverli. Per distinguerli con sicurezza, sostituiteli con i rispettivi singolari: **Il a vendu ses livres (= les siens) = Il a vendu son livre ≠ Il a vendu ces livres (= ceux-là) = Il a vendu ce livre**.

3 Volgete al singolare gli aggettivi sottolineati e i nomi che accompagnano. Poi indicate se sono dimostrativi (dim.) o possessivi (poss.).

es. Nous avons vu **ces** chiens quelque part.
→ Nous avons vu **ce** chien quelque part. → dim.

a. J'ai perdu **ses** clés hier soir.
→ .... → ....

b. Nous avons dévoré **ces** délicieux bonbons.
→ .... → ....

c. Noé a terminé **ces** puzzles très rapidement.
→ .... → ....

d. Vous n'aimez pas **ses** amis.
→ .... → ....

e. Gabin a finalement remboursé **ses** dettes.
→ .... → ....

f. **Ces** moules n'ont pas bon goût.
→ .... → ....

4 Traducete in italiano le frasi dell'esercizio 3.

a. ....
b. ....
c. ....
d. ....
e. ....
f. ....

CAPITOLO 12: AGGETTIVI E PRONOMI DIMOSTRATIVI

I pronomi dimostrativi *(Les pronoms démonstratifs)*

Corrispondono a *quello/a/i/e* o *colui/colei/coloro* e sono sempre seguiti da preposizioni (**de, à...**) o da pronomi relativi (**qui, que, dont...**); possono essere usati da soli unicamente accompagnati da **-ci/-là**: Quel film vas-tu voir au cinéma ce soir ? – <u>Celui qui</u> parle de la Première Guerre mondiale. Quels livres as-tu lus ? – J'ai lu <u>ceux que</u> tu m'avais recommandés. Quelles pêches voulez-vous ? – <u>Celles-là</u>, s'il vous plaît.

	Singolare		Neutro	Plurale	
	Masc.	Femm.		Masc.	Femm.
Singolare	**Celui**	**Celle**	**Ce/C'**	**Ceux**	**Celles**
Con le marche di distanza	**Celui-ci** **Celui-là**	**Celle-ci** **Celle-là**	**Ceci** **Cela/Ça**	**Ceux-ci** **Ceux-là**	**Celles-ci** **Celles-là**

5 Completate con *celui*, *celle*, *celles*, *ceux*.

a. Le film que tu préfères. ➜ .... que tu préfères.

b. Les garçons que tu as rencontrés. ➜ .... que tu as rencontrés.

c. La porte que tu as fermée. ➜ .... que tu as fermée.

d. Le chat que tu as adopté. ➜ .... que tu as adopté.

e. Les maisons que tu as visitées. ➜ .... que tu as visitées.

f. La voiture que tu as empruntée. ➜ .... que tu as empruntée.

6 Sostituite i nomi sottolineati con un pronome dimostrativo e coniugate gli infiniti tra parentesi al *passé composé*.

es. La femme que tu (inviter). ➜ Celle que tu as invitée.

a. Les enfants que tu (disputer). ➜ ....

b. La voiture que je (acheter). ➜ ....

c. Le pique-nique que nous (faire) au parc. ➜ ....

d. Les tomates que tu (acheter). ➜ ....

e. Les vêtements que tu (emmener). ➜ ....

f. Les poissons que tu (pêcher). ➜ ....

CAPITOLO 12: AGGETTIVI E PRONOMI DIMOSTRATIVI

7 Osservando le frasi dell'esercizio 6, completate le regole grammaticali che seguono.

Con i tempi composti che hanno **avoir** come ausiliare, non c'è **a.** .... del participio passato quando il complemento **b.** .... è collocato **c.** .... il verbo. Nell'esercizio 6, il participio dopo **avoir d.** .... con il **e.** .... oggetto perché quest'ultimo è collocato **f.** .... del **g.** ....

Il pronome dimostrativo ce/c'
(Le pronom démonstratif « ce/c' »)

È una forma neutra di pronome dimostrativo corrispondente ai nostri *ciò/quello che/di cui* ecc. Si usa con i pronomi relativi: **ce que, ce qui, ce dont** (**Ce que** j'ai vu m'a choqué !) e con il verbo **être**: **c'est**. In quest'ultimo caso sostituisce un gruppo nominale (**C'est** rare un chien végétarien !) o un'intera frase (**Il n'est pas venu à la fête : c'est surprenant !**)

Alla terza persona plurale, **ce/c'** è di norma seguito da **être** coniugato a tale persona (**ce sont** des framboises ; **c'étaient** eux).

8 Completate con *Ce, C', C'est* o *Ce sont*.

a. .... sont nos vélos.
b. .... leurs parents.
c. .... eux qui ont mangé la tarte aux pommes !
d. .... est ma grande sœur.
e. .... une fille !
f. .... sont elles qui ont volé le foulard !
g. .... des livres passionants.
h. .... le livre dont je t'ai parlé.

CAPITOLO 12: AGGETTIVI E PRONOMI DIMOSTRATIVI

9 Collegate i modi di dire francesi con i loro equivalenti italiani.

1. Ce n'est pas grave ! [së nE pa gRav]
2. C(e n)'est pas de la tarte ! (argot) [s(ë n)E pa d(ë) la taRt]
3. C(e n)'est pas la mer à boire ! [s(ë n)E pa la mER a bwaR]
4. C(e n)'est pas tes oignons ! (argot) [s(ë n)E pa tez Ogno^n]
5. C'est dans la poche ! [sE da^n la pOsh]
6. C'est le pied ! [sE lë pje]
7. C'est n'importe quoi ! [sE nE^{n}pORtë kwa]
8. C'est nul ! (argot) [sE nül]
9. Ça alors ! [sa alOR]
10. Ça m'est égal ! [sa mEt egal]
11. Ça roule (ma poule) ?/! (argot) [sa Rul (ma pul)]
12. Ça te changera les idées. [sa të sha^{n}ž(ë)Ra lez ide]
13. Ça te/vous dit ? [sa të/vu di]

a. *Fa lo stesso!*
b. *Non vale niente! – Fa schifo!*
c. *Ti/vi/Le va? – Che ne dici/dite/dice?*
d. *Non importa! – Non fa nulla!*
e. *Non è una passeggiata! – Non è facile!*
f. *Come va? – OK!*
g. *Non sono affari tuoi!*
h. *Ti aiuterà a distrarti.*
i. *Il gioco/Il più è fatto! – Ormai è fatta!*
j. *Non è così difficile! – Non è niente di che!*
k. *È il massimo!*
l. *È ridicolo/assurdo! – È una follia!*
m. *Questa poi! – Urca!*

10 Traducete in francese le seguenti frasi.

a. Vado al cinema stasera. Che ne dici?

→ ....

b. L'esame era così facile! Il più è fatto!

→ ....

c. Non essere triste! Vieni con me a Parigi! Ti aiuterà a distrarti!

→ ....

d. Renaud, puoi andare a scuola in bici! Non è così difficile!

→ ....

e. Non mi è piaciuto per niente *(Ho odiato)* quel film! Faceva veramente schifo!

→ ....

f. Smettila di farmi tutte queste domande! Non sono affari tuoi!

→ ....

CAPITOLO 12: AGGETTIVI E PRONOMI DIMOSTRATIVI

> ### *Ceci, cela, ça*
>
> **Ceci**, come **-ci**, si riferisce a qualcosa vicino nel tempo o nello spazio, mentre **cela** (NB: la **a** non è accentata), come **-là**, indica qualcosa distante nel tempo o nello spazio. **Cela** in ogni caso è più usato, anche al posto di **ceci**.
>
> **Ça** appartiene originariamente alla lingua parlata ed è la contrazione di **cela**; può assumere una connotazione negativa.
>
> Tutti questi pronomi possono sostituire sostantivi, infiniti o intere proposizioni.

 Sottolineate i segmenti di frase a cui *ceci*, *cela* o *ça* si riferiscono.

es. <u>Les tomates</u>, je déteste ça.

a. Aller au théâtre, j'adore <u>ça</u> !

b. Delphine n'est pas encore rentrée. <u>Cela</u> m'inquiète.

c. Je trouve <u>ça</u> vraiment moche, la couleur orange.

d. Il s'est mis à crier. <u>Ça</u> m'a terrifiée !

e. Regardez cette fenêtre brisée ! <u>Ceci</u> est le résultat de votre inattention.

f. Le racisme, je trouve <u>cela</u> inadmissible !

Complimenti!
Avete terminato il capitolo 12!
Ora contate le vostre icone trascrivendone il totale qui a fianco e poi riportatelo a p. 128.

L'indicativo futuro semplice e futuro anteriore

Formazione del futuro *(Formation du futur)*

Tutti i verbi, regolari o irregolari che siano, hanno le stesse desinenze al futuro semplice. I futuri regolari, che sono la maggioranza, uniscono le desinenze all'infinito del verbo. Nei verbi in **-re** la **-e** finale cade.

- verbi in **-er**

J'aimer-**ai***	Nous aimer-**ons**
Tu aimer-**as**	Vous aimer-**ez**
Il/Elle/On aimer-**a**	Ils/Elles aimer-**ont**

- verbi in **-ir**

Je finir-**ai***	Nous finir-**ons**
Tu finir-**as**	Vous finir-**ez**
Il/Elle/On finir-**a**	Ils/Elles finir-**ont**

- verbi in **-re**

Je vendr-**ai***	Nous vendr-**ons**
Tu vendr-**as**	Vous vendr-**ez**
Il/Elle/On vendr-**a**	Ils/Elles vendr-**ont**

* **Nota:** la 1ª persona singolare del futuro si distingue dall'omologa del condizionale presente solo per l'assenza della **-s** (**j'aimerais** aller = *mi piacerebbe andare*).

1 Evidenziate i verbi al futuro.

a. Demain ? Je rentre / rentrais / rentrerai à la maison après la piscine.

b. Vous mangeriez / mangez / mangerez le reste des pâtes demain soir.

c. Tu choisiras / choisissais / choisis les bonnes réponses, j'en suis sûre !

d. Nous prendrons / prenions / prenons le bus numéro 542 pour aller au stade.

e. Elles passera / passeront / passons la soirée chez leurs voisins.

f. Antoine sortit / sortait / sortira du travail à vingt heures tous les soirs.

CAPITOLO 13: L'INDICATIVO FUTURO SEMPLICE E FUTURO ANTERIORE

2 Coniugate al futuro semplice gli infiniti tra parentesi.

a. Ce week-end, Lucas .... (pêcher) avec son père.

b. Rentrez vite ! Il fait si froid ! Je vous .... (préparer) un bon chocolat chaud !

c. Les enfants .... (partir) en colonie au mois de juillet, pendant les grandes vacances.

d. Nous .... (rendre) notre rédaction la semaine prochaine.

e. Vous .... (acheter) les timbres pour Jean demain.

f. Louis et Tom .... (réfléchir) aux conséquences de leur action.

I più comuni futuri irregolari (Verbes irréguliers courants au futur)

Nei verbi con il futuro irregolare è la radice a cambiare: anziché all'infinito, sarà a questo tema irregolare che si dovranno unire le desinenze:

Aller	J'irai	Faire	Je ferai	Savoir	Je saurai
Avoir	J'aurai	Falloir	Il faudra	Tenir	Je tiendrai
Courir	Je courrai	Mourir	Je mourrai	Valoir	Je vaudrai
Devenir	Je deviendrai	Obtenir	J'obtiendrai	Venir	Je viendrai
Devoir	Je devrai	Pleuvoir	Il pleuvra	Voir	Je verrai
Envoyer	J'enverrai	Pouvoir	Je pourrai	Vouloir	Je voudrai
Être	Je serai	Recevoir	Je recevrai		

I verbi del 1° gruppo con particolarità si comportano come al presente, ma a tutte le persone; i verbi in **-érer** non subiscono modificazioni al futuro:

Acheter	J'achèterai
Appeler	J'appellerai
Essuyer	J'essuierai [esüiRe]
Jeter	Je jetterai
Nettoyer	Je nettoierai [netwaRe]
Préférer	Je préférerai

CAPITOLO 13: L'INDICATIVO FUTURO SEMPLICE E FUTURO ANTERIORE

3 Fate un segno di spunta accanto alla forma del futuro corretta per ogni verbo.

Pouvoir	Je pourrais		Je pouvais		Je pourrai	
Faire	Il fera		Il faisait		Il ferait	
Jeter	Nous jetons		Nous jeterons		Nous jetterons	
Appeler	Vous appellerez		Vous appelerez		Vous apellerez	
Mourir	Tu mourais		Tu mouras		Tu mourras	
Être	Ils seront		Ils seraient		Ils soient	
Venir	Je viendrais		Je viendrai		Je venais	
Voir	Elle verrait		Elle vît		Elle verra	

4 Traducete in francese le seguenti frasi.

a. Pioverà domani pomeriggio.

→ ....

b. Puliremo il bagno dopo cena.

→ ....

c. Potrai entrare in casa più tardi.

→ ....

d. Riceveranno il pacco (= **le colis**) la prossima settimana.

→ ....

e. Comprerò un cappotto nuovo quest'inverno.

→ ....

f. Saprete se avete superato l'esame a settembre.

→ ....

CAPITOLO 13: L'INDICATIVO FUTURO SEMPLICE E FUTURO ANTERIORE

 Risolvete questo cruciverba con le forme appropriate (senza pronomi soggetto) dei futuri, regolari e irregolari, dati in italiano.

	1	2	3	4	5	6	7	8	9	10	11	12	13	14
a.														
b.														
c.														
d.														
e.														
f.														
g.														
h.														
i.														
j.														
k.														
l.														

1. Vedranno
3. Alzerò
6. Vorrete
8. Morirai
11. Otterrò
14. Andremo

a. Amerà
c. Riderà – Varranno
e. Potranno
f. Andrò
g. Terrai
i. Sarete
j. Giocheremo
l. Griderà

CAPITOLO 13: L'INDICATIVO FUTURO SEMPLICE E FUTURO ANTERIORE

> ### I tempi verbali nel periodo ipotetico della realtà (Le futur après les conjonctions de subordination)
>
> Un'importante differenza con l'italiano: nel periodo ipotetico di 1° tipo, in francese non è mai possibile usare il futuro nella subordinata condizionale, ma solo il presente indicativo (**Si je la <u>vois</u> demain, je lui <u>dirai</u> bonjour**) oppure il passato prossimo (**Tu lui <u>expliqueras</u> la leçon si elle n'<u>a</u> pas <u>compris</u>**). Nella principale sono invece possibili presente, futuro (semplice o **proche**) o imperativo. Allo stesso modo, nelle subordinate degli altri due periodi ipotetici non si dovrà mai adoperare il congiuntivo, ma solo l'indicativo (nei suoi tempi imperfetto e trapassato prossimo), mentre nelle principali sarà il modo condizionale a essere utilizzato, come in italiano (nei suoi tempi presente o passato). Vi rimandiamo al cap. 14, p. 106, per uno specchietto riepilogativo e relativi esercizi.

6 Traducete in francese le seguenti frasi.

a. Se papà arriverà in tempo mi accompagnerà a scuola.

→ ....

b. Sarò molto felice se prenderemo un cane.

→ ....

c. Porta la macchina dal meccanico se è rotta!

→ ....

d. Se hai finito i compiti puoi uscire con Paul.

→ ....

e. Se avrò tempo andrò in palestra dopo il lavoro.

→ ....

f. Possiamo partire subito, se abbiamo preso tutto.

→ ....

CAPITOLO 13: L'INDICATIVO FUTURO SEMPLICE E FUTURO ANTERIORE

Formazione del futuro anteriore (Formation du futur antérieur)

Questo tempo composto del modo indicativo si forma coniugando al futuro semplice l'ausiliare **avoir** o **être**, seguito dal participio passato: **J'aurai mangé le gâteau.** → _Avrò mangiato_ il dolce.

Come tutti i tempi composti, quando l'ausiliare è **être** il participio si accorda come in italiano; stesso comportamento quando il complemento oggetto, che sia espresso per intero o sostituito da un pronome diretto, precede il verbo.

7 Evidenziate la forma corretta del futuro anteriore fra le tre proposte per ogni frase.

a. J'aurais nettoyé / aurai nettoyé / aurait nettoyé le four quand tu rentreras.

b. Vous aurai appelé / auriez appelé / aurez appelé vos parents à la fin de la journée ?

c. Il se lèvera quand l'alarme aura sonné / auront sonné / sonnera.

d. Nous cuisinerons dès que nous aurez fait / aura fait / aurons fait les courses.

e. Je suis sûre qu'il t'aidera une fois que tu aura expliqué / auras expliquée / auras expliqué la situation.

f. Je ferai l'appel dès que tout le monde seront arrivés / sera arrivé / serait arrivé.

Uso del futuro anteriore (Usage du futur antérieur)

Il futuro anteriore si usa per esprimere un'azione futura precedente un'altra azione futura, espressa con il futuro semplice.

    Elle **aura fini** le livre   quand tu **rentreras**.
    Futuro anteriore – 1ª azione   _Futuro semplice – 2ª azione_

Il più delle volte è accompagnato da congiunzioni di tempo come **quand**, **lorsque**, **dès que** ecc. Può essere usato da solo accompagnato da un'indicazione temporale precisa.

Le negazioni **ne… pas** si collocano, come in tutti i tempi composti, prima e dopo l'ausiliare (**Je n'aurai pas terminé** ; **Il ne sera pas encore rentré**).

CAPITOLO 13: L'INDICATIVO FUTURO SEMPLICE E FUTURO ANTERIORE

8 Coniugate al futuro anteriore gli infiniti tra parentesi.

a. Tu pourras lui montrer ta nouvelle robe, quand elle .... (descendre).

b. Tu pourras regarder la télévision lorsque tu .... (finir) d'essuyer la vaisselle.

c. Il travaillera quand il .... (déjeuner).

d. Nous achèterons son cadeau lorsque nous .... (recevoir) notre salaire.

e. Demain à 22 heures, elle .... (revenir) de son voyage en Espagne.

f. Les enfants .... déjà .... (partir) à l'école lorsque tu rentreras du travail.

9 Coniugate i verbi tra parentesi al futuro semplice o al futuro anteriore.

a. Tu .... (pouvoir) aller au cinéma lorsque tu .... (ranger) tes affaires.

b. Une fois que le film .... (finir), nous .... (aller) en ville.

c. Nous .... (manger) le dessert après que tes cousins

.... (arriver).

d. Je .... (prendre) des vacances lorsque j'........................ (finaliser) le dossier.

e. Lorsque tu .... (se coucher), les enfants ....

déjà .... (s'endormir).

f. Une fois que Clarisse .... (acheter) les billets,

nous la .... (rembourser).

CAPITOLO 13: L'INDICATIVO FUTURO SEMPLICE E FUTURO ANTERIORE

 Completate la seguente tabella coniugando ogni verbo al *futur proche*, al futuro semplice e al futuro anteriore, nella persona indicata.

Verbo	*Futur proche*	Futuro semplice	Futuro anteriore
Aimer	Je vais aimer	J'aimerai	J'aurai aimé
Aller	Il	Il	Il
Pouvoir	Vous	Vous	Vous
Acheter	Elles	Elles	Elles
Manger	Vous	Vous	Vous
Avoir	Tu	Tu	Tu
Faire	Nous	Nous	Nous
Savoir	Elle	Elle	Elle
Être	Je	Je	J'
Envoyer	Tu	Tu	Tu
Tenir	Nous	Nous	Nous

Complimenti!
Avete terminato il capitolo 13!
Ora contate le vostre icone trascrivendone il totale qui a fianco e poi riportatelo a p. 128.

La concordanza dei tempi

La concordanza dei tempi *(La concordance des temps)*

Nel periodo o frase complessa, vi è un rapporto fra il verbo della frase o proposizione principale (o reggente) e il verbo della secondaria (o subordinata)*. Questo rapporto dà luogo alla cosiddetta concordanza dei tempi, che fa sì che solo alcuni tempi e modi siano appropriati a seconda dei casi. Per ripassare il <u>congiuntivo presente</u>, vi rinviamo al cap. 18 del quaderno *Francese - Principianti*. Per il <u>congiuntivo passato</u>, vi basti sapere che si forma con l'ausiliare coniugato al congiuntivo presente e il participio passato del verbo (**que j'aie fait ; que tu sois parti(e)**). Nel francese corrente contemporaneo il congiuntivo imperfetto e trapassato non sono più in uso e non li tratteremo; potrete incontrarli in letteratura o in un registro molto elevato della lingua scritta.

* Una frase semplice o proposizione è un insieme di parole di senso compiuto tra le quali vi è un verbo, e si regge da sola. A sua volta una frase di questo tipo può essere la reggente di un'altra frase che invece non può esistere senza la reggente stessa; la subordinata è sempre introdotta da congiunzioni e locuzioni congiuntive, o da pronomi relativi.

① Per ogni periodo sottostante, scrivete l'ordine temporale nel quale le azioni si svolgono.

es. Il **a arrêté** de travailler après qu'elle **est arrivée**. → 1. **B** – 2. **A**
        A   B
Prima lei è arrivata, poi lui ha smesso di lavorare.

a. Je **sais** que tu **as menti**. → 1. ...... – 2. ......
   A   B

b. Pénélope **pense** que tu **n'iras pas** en Irlande. → 1. ...... – 2. ......
       A   B

c. Son frère lui **dit** qu'il **doit** arrêter de chanter. → 1. ...... – 2. ......
           A   B

d. **Pouvez**-vous me dire où vous **étiez** hier soir ? → 1. ...... – 2. ......
   A   B

e. Pauline **ne savait pas** que vous **étiez** déjà **rentrés**. → 1. ...... – 2. ......
        A   B

f. Valentine m'**avait promis** que nous **irions** à la patinoire. → 1. ...... – 2. ......
          A   B

CAPITOLO 14: LA CONCORDANZA DEI TEMPI

Esprimere l'anteriorità *(Exprimer l'antériorité)*

Se l'azione della principale ha luogo prima di quella della secondaria, si usano i seguenti tempi:

Principale (1)	Subordinata (2)
Pass. prossimo, pass. remoto, imperf. **Je savais**	Condizionale presente / Cong. presente **que tu viendrais avec nous.**
Presente/Futuro sempl./Fut. proche **Je crois** **Je refuserai**	Futuro sempl. / Congiuntivo presente **qu'il pleuvra.** **que tu viennes.**

Le congiunzioni che esprimono l'anteriorità *(Les conjonctions exprimant l'antériorité)*

Avant que (+ cong.) + (**ne**)	Prima che
En attendant que (+ cong.)	In attesa che
Jusqu'à ce que (+ cong.) + (**ne**)	Finché
Jusqu'au moment où (+ ind.)	Fino a quando, Fino al momento in cui
Le temps que (+ cong.)	Finché (non)

Il **ne** espletivo non è obbligatorio e oggi appartiene a un registro linguistico elevato.

2 Coniugate i verbi al tempo opportuno per esprimere l'anteriorità della principale. Per ripassare il congiuntivo presente, cfr. anche il cap. 18 del quaderno *Principianti*.

a. Je vais faire la vaisselle en attendant que tu .... (finir) de t'habiller.

b. Je le trouvais timide jusqu'à ce que je .... (faire) sa connaissance.

c. Nous avons suivi le bateau des yeux jusqu'au moment où il .... (disparaître) du port.

d. Je dors un peu avant que nous ne .... (voyager).

e. J'irai le voir avant qu'il .... (partir).

f. Ils se dépêchent de rentrer avant que l'orage .... (éclater).

CAPITOLO 14: LA CONCORDANZA DEI TEMPI

3 Collegate le due frasi di ogni periodo.

1. Je pense qu'un jour
2. Julia discutait avec la secrétaire en attendant que
3. Maman espère
4. Sophie est rentrée avant que
5. Rangeons nos chambres avant que
6. Tu as attendu jusqu'au moment où

a. la pluie ne commence à tomber.
b. Noé sera ingénieur.
c. le médecin la reçoive.
d. le train est entré en gare.
e. que je réussirai mes examens.
f. papa et maman ne rentrent à la maison.

Esprimere la simultaneità *(Exprimer la simultanéité)*

Se le azioni dei verbi delle due proposizioni hanno luogo nello stesso momento, di norma si coniugano allo stesso tempo e modo (passato → passato; presente → presente; futuro → futuro). Tuttavia, l'imperfetto può essere usato con qualunque altro tempo passato e il presente può avere valore di futuro. Inoltre come futuro è sempre possibile anche il **futur proche**, almeno nella lingua corrente.

Principale (1/2)	Subordinata (1/2)
Passato remoto **Ils se marièrent**	Passato remoto/Imperfetto **lorsqu'ils furent prêts.**
Imperfetto **Mon chien aboyait**	Passato prossimo/Passato remoto **quand je suis arrivé.**
Imperfetto **Il savait**	Imperfetto **que tu avais un frère.**
Presente **Je regarde la télévision**	Indicativo presente/Congiuntivo presente **pendant que tu prépares le repas.**
Futuro **Je te rendrai ton tee-shirt**	Ind. presente/Futuro/Cong. presente **quand tu passeras me voir.**

CAPITOLO 14: LA CONCORDANZA DEI TEMPI

Le congiunzioni che esprimono la simultaneità
(Les conjonctions exprimant la simultanéité)

Alors que (+ ind.)	Mentre	Maintenant que (+ ind.)	Ora che
Au moment où (+ ind.)	Nel momento in cui	Pendant que (+ ind.)	Mentre
Aussi longtemps que (+ ind.)	Fintanto che, Finché	Quand/Lorsque (+ ind.)	Quando
Chaque fois que (+ ind.)	Ogni volta che	Tandis que (+ ind.)	Mentre
Comme (+ ind.)	Mentre, Nel momento in cui	Tant que (+ ind.)	Finché
Depuis que (+ ind.)	Da quando	Toutes les fois que (+ ind.)	Ogni volta che
En même temps que (+ ind.)	Nello stesso momento in cui		

4 Evidenziate la forma verbale che in ogni frase esprime simultaneità.

a. Tu feras un gâteau pendant que je suis / serai / fut dans le jardin.

b. Les clients se taisent / se turent / se tairont au moment où il entra dans le restaurant.

c. Léa se prélassait au bord de la piscine pendant que Louis joua / jouait / eut joué au tennis.

d. J'éternue toujours lorsque je sortis / sors / sortirai de la maison.

e. Quand il m'a vue, il m'a souri / me sourit / me souriait.

f. Mon mari a pris son petit déjeuner pendant que je fis / faisais / fais le lit.

5 Coniugate i verbi al tempo opportuno per esprimere la simultaneità delle due azioni.

a. Je .... (penser) qu'il est malade.

b. Il .... (faire) très chaud lorsque l'orage éclata.

c. Gaspard dormait quand tu .... (arriver).

d. Quand le chat n'est pas là, les souris .... (danser).

e. Je l'attendais devant le cinéma lorsque je l'........................ (apercevoir).

f. Charline .... (répondre) au téléphone quand elle sera disponible.

CAPITOLO 14: LA CONCORDANZA DEI TEMPI

6 Traducete in francese le seguenti frasi.

a. Guarda la televisione mentre lavora.

→ ....

b. Il telefono è suonato nel momento in cui è uscito.

→ ....

c. Ci fu un terremoto (= **tremblement de terre**) mentre erano in spiaggia.

→ ....

d. Quando fa bello, vado in ufficio a piedi.

→ ....

e. Julien ascolterà musica mentre farà la doccia.

→ ....

f. Amerò Marc finché vivrò.

→ ....

Esprimere la posteriorità
(Exprimer la postériorité)

Se l'azione della principale ha luogo dopo quella della secondaria, si utilizzano i tempi seguenti:

Principale (2)	Subordinata (1)
Passato remoto **Nous dormîmes**	Trapassato remoto **dès que le film fut terminé.**
Imperfetto **Je mangeais**	Trapassato prossimo **dès que le repas était servi.**
Presente **Je regarde la télé**	Passato prossimo **lorsque j'ai fini mes devoirs.**
Futuro semplice **Elle partira**	Futuro anteriore **dès que tu seras rentré.**

CAPITOLO 14: LA CONCORDANZA DEI TEMPI

Le congiunzioni che esprimono la posteriorità
(Les conjonctions exprimant la postériorité)

Après que (+ ind.)*	*Dopo che*	**Sitôt que** (+ ind.)	*(Non) appena*
Aussitôt que (+ ind.)	*(Non) appena*	**Une fois que** (+ ind.)	*Una volta che*
Depuis que (+ ind.)	*Da quando*	* Come in italiano, **avant que** regge il congiuntivo e il suo opposto **après que** l'indicativo.	
Dès que (+ ind.)	*(Non) appena*		
Quand / Lorsque (+ ind.)	*Quando*		

7 Scrivete il tempo di ciascun verbo e poi specificate quale azione avviene per prima.

es. Corinne partit (*passato remoto*) dès qu'elle eut vu (*trapassato remoto*) Sophie.
   Prima azione   Seconda azione
   elle eut vu   **partit**

a. Nous jouerons (........................) au football lorsque nous serons inscrits (........................).
   Prima azione   Seconda azione
   ....

b. Dès que j'ai pris ma douche (........................), je téléphone (........................) à Marie.
   Prima azione   Seconda azione
   ....

c. Chloé pleurera (........................) dès qu'elle aura appris (........................) la nouvelle de son accident.
   Prima azione   Seconda azione
   ....

d. Aussitôt qu'ils furent rentrés (........................), l'orage éclata (........................).
   Prima azione   Seconda azione
   ....

e. Dès que j'avais fini (........................) mon travail, je sortais (........................).
   Prima azione   Seconda azione
   ....

f. Je me couche (........................) lorsque j'ai préparé (........................) mon sac.
   Prima azione   Seconda azione
   ....

CAPITOLO 14: LA CONCORDANZA DEI TEMPI

8 **Coniugate ogni verbo al tempo appropriato per esprimere la posteriorità della principale e scrivete quale tempo avete scelto.**

a. Tes parents sont allés au restaurant où nous .... (manger) le mois dernier. → ....

b. Peux-tu me rappeler le nom du livre dont tu m' .... (parler) hier ? → ....

c. Fabienne a retrouvé les clés que j'............................ (perdre).
→ ....

d. Jérôme ne savait pas que vous .... (partir).
→ ....

e. J'irai voir la pièce de théâtre que tu .... (aimer).
→ ....

f. Nous préparerons le café avant qu'il ne .... (se réveiller). → ....

9 **Traducete in francese le seguenti frasi.**

a. Gioco a calcio quando ho finito i compiti.
→ ....

b. Andrai dal tuo amico quando avrai riordinato la tua camera.
→ ....

c. Guardammo la televisione non appena se ne fu andata.
→ ....

d. Antoinette si laverà i denti quando avrà finito di cenare.
→ ....

e. Gli/Le raccontavo quello che avevo visto.
→ ....

f. Rispondeva alla domanda che gli avevano fatto.
→ ....

CAPITOLO 14: LA CONCORDANZA DEI TEMPI

10 Indicate, per ognuna delle seguenti frasi, se esprime anteriorità, simultaneità o posteriorità.

	A	S	P
a. Pendant que Jules va au café, <u>Marie fait les courses</u>.			
b. Aussitôt qu'il aura fini le ménage, <u>il jouera aux cartes avec toi</u>.			
c. <u>Je joue au basket-ball avec Grégory</u> avant qu'il n'aille à l'école.			
d. <u>Il s'endormira</u> lorsque je lui chanterai une berceuse.			
e. En attendant que tu arrives, <u>je regarde mon film préféré</u>.			
f. Dès que tu auras passé ton permis de conduire, <u>je te prêterai ma voiture</u>.			
g. Tant qu'il fait froid, <u>je garde mon bonnet</u>.			

La concordanza dei tempi nei periodi ipotetici (La concordance des temps après « si »)

si +	indicativo presente	ind. presente / futuro semplice
Si	tu <u>aimes</u> ce chanteur,	je t'<u>emmènerai</u> à son concert.
si +	indicativo imperfetto	condizionale presente
Si	tu le <u>voulais</u>,	nous <u>pourrions</u> aller en Italie.
si +	ind. trapassato prossimo	condizionale passato
Si	tu <u>avais rangé</u> ta chambre,	elle ne t'<u>aurait</u> pas <u>puni</u>.

Il condizionale passato (Le conditionnel passé)

Il condizionale passato, usato per esempio nel periodo ipotetico di 3° tipo, è un tempo composto che come il suo corrispettivo italiano si forma con l'ausiliare (**avoir** o **être**) al condizionale presente e il participio passato del verbo da coniugare (**j'aurais dit, tu serais allé(e)**). Ne approfittiamo per ricordare che in francese si usa quasi esclusivamente il <u>condizionale presente</u> per esprimere il cosiddetto **futur dans le** (o **du**) **passé**: *Sapevo che <u>saresti venuto</u>.* ➔ **Je savais que tu <u>viendrais</u>**.

CAPITOLO 14: LA CONCORDANZA DEI TEMPI

11 Coniugate al condizionale passato i verbi tra parentesi.

a. Lydie .... (rester) en France si elle avait pu.
b. Yvan et Olivier .... (regarder) le match.
c. Tu .... (dire) bonjour si tu avais osé.
d. Elles .... (rentrer) plus tôt si elles l'avaient pu.
e. Charlotte .... (ne pas/révéler) ton secret si elle avait été loyale.
f. Vous .... (aimer) ma tarte aux pommes !

12 Coniugate i verbi tra parentesi al tempo opportuno.

a. Si tu manges ces bonbons, tu .... (avoir) mal au ventre.
b. Vous auriez de meilleures notes si vous .... (faire) vos devoirs régulièrement.
c. Si elle avait amené son livre, elle .... (ne pas/s'ennuyer).
d. Tes sœurs .... (pouvoir) skier s'il y avait suffisamment de neige.
e. Claire .... (ne pas/rencontrer) Martin si elle n'avait pas manqué son avion.
f. Je passerai te chercher si tu .... (ne pas/avoir) ta voiture.

13 Collegate le due parti di ogni periodo.

1. J'irai en Espagne • • a. si vous lisiez la consigne correctement.
2. Lucien lui offrirait une montre • • b. si je gagne suffisamment d'argent.
3. Vous comprendriez l'exercice • • c. si nous n'avions pas de dettes.
4. Tu pourras rentrer en France • • d. s'il le pouvait.
5. Nous achèterions une voiture • • e. si tu étais plus souriant.
6. Tu aurais plus d'amis • • f. si tu reçois ton passeport à temps.

Complimenti!
Avete terminato il capitolo 14!
Ora contate le vostre icone trascrivendone il totale qui a fianco e poi riportatelo a p. 128.

Ripasso

Gli esercizi che seguono costituiscono un ripasso generale di quanto avete imparato nel quaderno.

1 Mestieri (cap. 2): collegate ogni termine alla sua illustrazione.

- a. Enseignante
- b. Mécanicien
- c. Informaticien
- d. Ingénieure
- e. Pompière
- f. Plombier

1. •
2. •
3. •
4. •
5. •
6. •

2 Articoli indeterminativi (cap. 2): traducete in francese le seguenti frasi.

a. Emma e Jules non hanno animali domestici.
→ ....

b. Lucas è un insegnante straordinario!
→ ....

c. I genitori di Nabil sono musulmani.
→ ....

d. Mila e Enzo hanno dei giochi molti interessanti.
→ ....

e. Ho visto un ragno enorme nel garage!
→ ....

f. Clara ha ricevuto un cellulare nuovo per il suo compleanno. Che fortuna!
→ ....

CAPITOLO 15: RIPASSO

3 Famiglia e articoli (cap. 2): osservate l'albero genealogico di questa famiglia e scrivete delle frasi come nell'esempio.

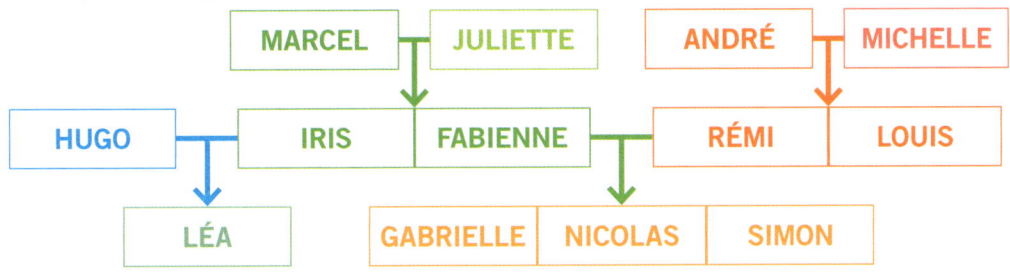

es. Marcel → Léa = **Marcel est le grand-père de Léa.**

a. Louis → Nicolas = ...
b. Gabrielle → Nicolas = ...
c. Iris → Nicolas = ...
d. Michelle → Nicolas = ...
e. Léa → Nicolas = ...
f. Iris → Juliette = ...
g. Rémi → Fabienne = ...
h. Iris → Hugo ....
i. Nicolas → André = ...

4 Cibi e bevande (cap. 2): collegate alla sua illustrazione ogni termine francese e scrivete se è maschile (M) o femminile (F).

a. Framboise .... •   • 1.

b. Champignons .... •   • 2.

c. Frites .... •   • 3.

d. Raisins .... •   • 4.

e. Cerises .... •   • 5.

f. Jus de fruits .... •   • 6.

g. Tartines .... •   • 7.

109

CAPITOLO 15: RIPASSO

5 Articoli partitivi (cap. 2): completate con *du, de la, de l'* o *des*.

« Bonjour Madame, que désirez-vous commander aujourd'hui ?

– Bonjour ! Alors, J'aimerais un steak haché, s'il vous plaît. Et je voudrais **a.** .... frites et **b.** .... salade comme accompagnement. Comme boisson, je prendrai **c.** .... jus d'orange mais aussi **d.** .... eau si cela est possible.

– Oui, bien sûr, Madame. Désirez-vous un dessert ? **e.** .... glace peut-être ?

– Oui, en effet ! Très bonne idée. Nous prendrons aussi **f.** .... tarte au citron et **g.** .... gâteau au chocolat ! Merci ! »

6 Pronomi *en* & *y* (cap. 3): formate delle frasi adoperando il tempo verbale indicato e uno tra i pronomi *en* o *y*.

es. Le dentiste ? / Oui / Nous / aller / **Passato prossimo**
→ Le dentiste ? Oui, nous y sommes allé(e)s.

a. En Australie ? / Non / Je / Aller / **Passato prossimo**
→ ....

b. Du café ? / Oui / Ils / Vouloir / **Presente**
→ ....

c. Des animaux domestiques ? / Non / Nous / Avoir / **Presente**
→ ....

d. Au cinéma ? / Oui / Nous / Vouloir aller / **Presente**
→ ....

e. Des chemises ? Oui / Je / Acheter / **Passato prossimo**
→ ....

f. À Paris ? Non / Elle / Aller / **Passato prossimo**
→ ....

CAPITOLO 15: RIPASSO

7 **Espressioni idiomatiche (capp. 3 & 12): traducete in francese le seguenti frasi utilizzando dei modi di dire.**

Con **en** e **y**

a. Sono stufo/a di sentire il mio vicino suonare il trombone.

→ ....

b. La macchina è graffiata? Non c'entro nulla!

→ ....

Con **ce/c'** e **ça**

c. Questo torneo sarà facile! La partita? Ormai è fatta!

→ ....

d. Su, Romane! Questo tema *(scolastico)*? Non è niente di che!

→ ....

e. Questo nuovo divano è così comodo! È davvero il massimo!

→ ....

f. Questa ricetta è così complicata. Non è proprio una passeggiata…

→ ....

8 **Nazionalità (cap. 3): ricavate degli aggettivi di nazionalità dai gruppi di lettere in disordine, scrivetene la traduzione e indicate se sono al maschile singolare (MS), al femminile singolare (FS), al maschile plurale (MP) o al femminile plurale (FP).**

es.	sseroc	corses	corsi/e	MP/FP
a.	aaiifsnnld			
b.	eniiueanctrh			
c.	ssdniaoe			
d.	osssaéic			
e.	iusssse			
f.	qgeeurc			

CAPITOLO 15: RIPASSO

9 Pronomi relativi (cap. 3): completate con *qui*, *que* (*qu'*), *ce qui* o *ce que*.

a. La soirée .... on a passée était vraiment géniale !

b. Léo n'est pas venu au rendez-vous, ... m'a mis en colère !

c. L'homme .... vient de rentrer dans le restaurant me paraît suspect.

d. Je ne comprends pas .... tu dis ! Enlève cette cuillère de ta bouche !

e. Devine .... me ferait plaisir : des vacances !

f. La pomme .... je viens de manger n'était vraiment pas bonne !

10 Imperfetto o condizionale (cap. 4): coniugate i verbi tra parentesi al tempo opportuno.

a. Si elle .... (**avoir**) suffisamment d'argent, elle .... (**faire**) le tour du monde !

b. Les enfants .... (**ne pas avoir**) le temps d'aller à la piscine si nous .... (**aller**) au restaurant ce midi.

c. Thomas .... (**venir**) te voir s'il .... (**avoir**) le temps !

d. Si j'............ (**être**) toi, je .... (**vendre**) ce vieux vélo.

e. Il .... (**être**) plus calme s'il .... (**boire**) moins de café !

f. Les garçons .... (**manger**) toute la journée s'ils le .... (**pouvoir**) !

11 Passato prossimo e imperfetto (cap. 4): traducete in francese le seguenti frasi.

a. Mangiavi un panino quando sono arrivata.

➜ ....

b. Pioveva quando Thomas ha telefonato.

➜ ....

c. È andata alla festa mentre i suoi genitori dormivano.

➜ ....

d. Léa era in giardino quando ho rotto il suo vaso.

➜ ....

e. Siccome faceva bello, siamo andati a fare una passeggiata nel bosco.

➜ ....

f. Papà aveva 40 anni quando sono nato.

➜ ....

CAPITOLO 15: RIPASSO

12 **Discorso diretto e indiretto (cap. 5):** volgete al discorso indiretto le seguenti frasi espresse con il discorso diretto.

a. Ma sœur m'a demandé : « As-tu fini tes devoirs pour demain ? »

➜ ....

b. Inès a répondu : « Je préfère rester à la maison ce week-end. »

➜ ....

c. Alexa admit : « Je n'étais pas vraiment malade hier. »

➜ ....

d. Valentin et Sarah ont annoncé : « Nous nous marions l'année prochaine ! »

➜ ....

e. Son père lui a ordonné : « Range ta chambre immédiatement ! »

➜ ....

f. J'ai aussitôt ajouté : « Je ne veux pas de garçons à ma fête. »

➜ ....

13 **Verbi impersonali ed espressioni idiomatiche (cap. 6):** indovinate i modi di dire francesi che si celano nelle illustrazioni e poi scrivetene gli equivalenti italiani.

a.   ➜ ....

b.   ➜ ....

c.   ➜ ....

d.   ➜ ....

CAPITOLO 15: RIPASSO

14 Aggettivi e pronomi indefiniti (cap. 7): completate le frasi con le parole proposte.

TOUTES **PLUSIEURS** **AUCUNE** **PERSONNE** **CHACUN** **TOUS**

a. C'est étrange ! .... ne répond au téléphone ce matin !

b. Je n'ai encore reçu .... réponse à ma lettre.

c. Sacha a-t-il des animaux domestiques ? Oui, il en a .... : un chat, un hamster et une perruche.

d. .... ont aimé la galette comtoise d'Audrey.

e. Les garçons sont ravis ! Ils ont reçu un puzzle ....

f. Les poules sont malades. .... doivent être examinées par le vétérinaire.

15 Verbi passivi e preposizioni *d' / de / par* (cap. 8): cerchiate la preposizione giusta.

a. Le professeur est très apprécié **d'** / **de** / **par** ses élèves.

b. Ce livre a été écrit **d'** / **de** / **par** des étudiants.

c. La salade de pommes de terre a été préparée **d'** / **de** / **par** Marie-Pierre.

d. Le sapin de Noël est couvert **d'** / **de** / **par** très jolies guirlandes.

e. Cette moto est équipée **d'** / **de** / **par** un moteur très puissant.

f. Le verbe est précédé **d'** / **de** / **par** un sujet.

16 Voce attiva (cap. 8): volgete alla forma attiva le frasi dell'esercizio 15.

a. Les élèves ....

b. ....

c. ....

d. ....

e. ....

f. ....

CAPITOLO 15: RIPASSO

17 **Preposizioni (cap. 9): completate le frasi con le preposizioni opportune.**

a. Adrien est allé en Angleterre .... avion.

b. Nous nous sommes rendus à l'auberge .... cheval ! C'était tellement romantique !

c. Aurélie était si heureuse qu'elle s'est mise à chanter .... tue-tête !

d. Nicolas était tellement en colère qu'il est sorti .... claquant la porte !

e. Manon est partie vivre au Québec .... amour.

f. J'aimerais commander la palette .... la diable, s'il vous plaît.

18 **Trapassato prossimo (cap. 10): coniugate al trapassato prossimo i verbi fra parentesi.**

a. Il .... (**attendre**) une heure avant de prendre l'avion.

b. Thomas .... (**arriver**) avec trente minutes d'avance.

c. Bruno et Pascal .... (**partir**) de bonne heure afin de ne pas manquer leur vol.

d. Nous .... (**enregistrer**) les bagages puis passé les contrôles.

e. Tu .... (**acheter**) un magazine et une bouteille d'eau chez le marchand de journaux.

f. Hélène et Julie .... (**monter**) rapidement dans l'avion.

CAPITOLO 15: RIPASSO

19 Passato remoto (cap. 11): leggete questo riassunto della nota fiaba *Le Petit Poucet (Pollicino)* **e coniugate gli infiniti tra parentesi al tempo richiesto.**

« Il **a.** .... (être/*imperfetto*) une fois un bûcheron, sa femme et leurs enfants. Ils **b.** .... (être/*imperfetto*) très pauvres. Quand il **c.** .... (venir/*passato remoto*) au monde, on **d.** .... (appeler/*passato remoto*) le plus jeune enfant, qui **e.** .... (être/*imperfetto*) aussi petit qu'un pouce, le Petit Poucet.

Une année, la famine **f.** .... (être/*passato remoto*) si grande que les parents **g.** .... (décider/*passato remoto*) d'abandonner leurs enfants dans la forêt. Le Petit Poucet, qui **h.** .... (entendre/*trapassato prossimo*) la conversation de ses parents, **i.** .... (se lever/*passato remoto*) très tôt, **j.** .... (se rendre/*passato remoto*) au bord de la rivière et **k.** .... (ramasser/*passato remoto*) des petits cailloux blancs qu'il **l.** .... (cacher/*passato remoto*) dans sa poche. Le même jour, le père et la mère **m.** .... (abandonner/*passato remoto*) leurs enfants dans la forêt comme ils l' **n.** .... (prévoir/*trapassato prossimo*). Lorsqu'ils **o.** .... (réaliser/*passato remoto*) que leurs parents **p.** .... (disparaître/*trapassato prossimo*), les enfants **q.** .... (se mettre/*passato remoto*) à pleurer, sauf le Petit Poucet qui **r.** .... (laisser/*trapassato prossimo*) tomber les petits cailloux le long du chemin. Le Petit Poucet **s.** .... (pouvoir/*passato remoto*) ainsi ramener ses frères et sœurs chez eux. »

20 Trapassato remoto (cap. 11): coniugate al trapassato remoto i verbi tra parentesi.

a. Gatien partit dès que le film .... (terminer).

b. Nous mangeâmes lorsque nous .... (finir) la réunion.

c. Lorsque vous .... (gagner) au loto, vous achetâtes une nouvelle voiture.

d. Le téléphone sonna aussitôt qu'ils .... (partir).

e. Aussitôt qu'elles .... (entendre) l'alarme, elles se précipitèrent dehors.

f. Aurore alla se coucher dès qu'elle .... (arriver).

CAPITOLO 15: RIPASSO

21 Aggettivi e pronomi dimostrativi (cap. 12): completate con *ce*, *cet*, *cette*, *ces*, *celle*, *celui*, *celles* o *ceux*.

a. Quelle chaussures ? .... que je viens d'acheter ?

b. J'adore le restaurant que Sophie nous a conseillé. Tu sais, ... sur les Champs-Élysées.

c. Je déteste .... fille. Elle est vraiment mesquine.

d. .... adolescent a eu une enfance très difficile. Soyez gentils avec lui.

e. As-tu vu .... fleurs dans le jardin ? Elles sont magnifiques !

f. Avez-vous retrouvé votre casquette ? .... qui a un aigle sur le côté ?

g. Tu n'as pas rendu .... livre à la bibliothèque ?

h. De quels pantalons parles-tu ? .... qui sont dans le placard de la chambre d'amis ?

22 Futuro semplice (FS) & futuro anteriore (FA) (cap. 13): coniugate i verbi tra parentesi ai tempi richiesti.

a. Elle .... (pouvoir/FS) prendre des vacances lorsqu'elle .... (finir/FA) ses examens.

b. Demain, vous .... (aller/FS) au théâtre en taxi.

c. Je .... (choisir/FS) d'aller en Espagne en avion.

d. .... (vouloir/FS)-tu du vin avec ton repas ?

e. Nous .... (ranger/FA) la chambre lorsque tu .... (rentrer/FS).

f. Oh non ! Quand elle .... (arriver/FS) à la gare, le train .... déjà .... (partir/FA).

CAPITOLO 15: RIPASSO

 **Congiuntivo presente e passato (cap. 14):
coniugate i verbi tra parentesi al tempo corretto del congiuntivo.**

a. Je veux que tu .... (aller) voir Carole et Théo cet après-midi.

b. Croyez-vous qu'ils .... (avoir) raison ?

c. Je ne crois pas qu'elle .... (partir) hier.

d. Il est nécessaire que vous .... (venir) le plus tôt possible.

e. Malgré ce qu'il a affirmé, maman doute que Luc .... (ranger) sa chambre ce matin.

f. C'est dommage que tu ne .... (pouvoir) pas venir avec nous.

g. Il faut que je .... (choisir) mon costume pour l'entretien.

 Congiunzioni e locuzioni subordinative (cap. 14): cerchiate le congiunzioni giuste.

a. Après que / Jusqu'à ce que / Pendant que les invités sont partis, nous avons rangé la maison.

b. Je te rendrai visite dès que / avant que / aussitôt que tu ne partes.

c. Je t'aiderai aussitôt que / après que / pendant que je le pourrai.

d. Après que / Dès que / Après que le réveil sonnera, nous nous lèverons.

e. Reste dans la voiture après que / le temps que / au moment où j'achète le journal.

f. Aussitôt que / Jusqu'à ce que / Aussi longtemps que Jeanne est arrivée, nous avons fait la fête.

g. Attends-moi là une fois que / après que / jusqu'à ce que je revienne.

h. Tu pourras conduire ta nouvelle voiture dès que / pendant que / le temps que tu auras obtenu ton permis de conduire.

i. J'allais sortir avant que / au moment où / pendant que le téléphone a sonné.

j. Elle a mis la table avant que / aussitôt que / pendant que tu préparais le repas.

Complimenti!
Avete terminato il capitolo 15!
Ora contate le vostre icone trascrivendone il totale qui a fianco e poi riportatelo a p. 128.

SOLUZIONI

1. Pronuncia e punteggiatura

① **a.** *Au revoir* = Arrivederci **b.** *Salut* = Ciao **c.** *Bienvenue* = Benvenuto/a/i/e **d.** *À bientôt* = A presto **e.** *Monsieur* = Signore **f.** *Je m'appelle* = Mi chiamo **g.** *Bonne nuit* = Buona notte

② **a.** [madam] = Signora **b.** [sa va] = Come va? / Tutto OK **c.** [kuku] = Ciao **d.** [bonswaR] = Buonasera **e.** [a dëmEn] = A domani **f.** [alo] = Pronto? **g.** [bOn žuRne] = Buona giornata

③ **:** *Les deux-points* **« »** *Les guillemets* **,** *La virgule* **.** *Le point* **?** *Le point d'interrogation* **!** *Le point d'exclamation* **;** *Le point-virgule*

④ **a.** Elle joue au football et au tennis. **b.** Je ne veux ni sucre ni lait dans mon café, merci. **c.** Il y a environ 68 000 spectateurs dans le stade aujourd'hui. **d.** Carole et Lou ne jouent ni du violon, ni de la flûte, ni du piano. **e.** Nous avons vu Sophie, Carlos et Paulette. **f.** Les tomates ont augmenté de 3,5 %. **g.** Tu es déjà allé en Espagne, mais tu n'es jamais allé au Portugal ?

⑤ **a.** j'**é**coute **b.** C'**e**st ; l'**a**utomne ; l'**h**iver **c.** t'**e**ntend **d.** Il **n'**arrivera **e.** **d'**Arthur **f.** **J'**irai ; **n'**irai pas

⑥ **9** = neuf **14** = quatorze **17** = dix-sept **21** = vingt et un **70** = soixante-dix **76** = soixante-seize **82** = quatre-vingt-deux **200** = deux cents

⑦ **a.** decine; et **b.** -s; centinaia **c.** -s; invariabile **d.** maschile **e.** Un/une; un; une

⑧ **a.** *des savoir-faire* (V + V) = competenze **b.** *des choux-fleurs* (N + N) = cavolfiori **c.** *des belles-filles* (Agg + N) = nuore / figliastre **d.** *des après-midi* (Prep + N) = pomeriggi **e.** *des tire-bouchons* (V + N) = cavatappi **f.** *des chefs-d'œuvre* (N + Prep + N) = capolavori

⑨ **a.** Jacques a dit : « Tu dois aller te coucher. » (discorso diretto) **b.** Je lui ai dit de parler plus fort. (discorso indiretto) **c.** Ah oui, je vois… Il a encore « oublié » de faire ses devoirs ! (*sottolineatura sarcastica*) **d.** Le dernier livre de Philippe Labro s'intitule « Ma mère, cette inconnue ». (titolo) **e.** Je ne comprends pas le mot « îlet » dans cette phrase. (citazione)

⑩ *Un point c'est tout* = punto e basta
Mettre les points sur les i = mettere i puntini sulle i
Entre parenthèses = tra parentesi / tra l'altro
Ouvrir une parenthèse = aprire una parentesi
À la virgule près = alla lettera
C'est là le point d'interrogation = è la questione di fondo.

2. Nomi e articoli

① *Grand-père* **M** *Avocate* **F** *Chatte* **F** *Secrétaire* **F/M** *Cousin* **M** *Frère* **M** *Sœur* **F** *Élève* **F/M**

② **a.** Une artiste **b.** Un mécanicien **c.** Une psychologue **d.** Un gérant **e.** Une artisane **f.** Une informaticienne **g.** Un plombier

③ **a.** Je suis psychologue. **b.** Elle est médecin. **c.** Tu es charpentier. **d.** Je suis ingénieur. **e.** Tu es artisane. **f.** Il est journaliste.

④ **a.** des pays **b.** des animaux **c.** des cheveux **d.** des voix **e.** des chambres **f.** des canaux **g.** des bateaux

⑤ **Plurale in -s:** maisons, jours, enfants; **Plurale invariabile:** bras, dos, fois; **Plurale in -aux:** locaux, hôpitaux, chevaux, journaux; **Plurale in -x:** cadeaux, neveux, manteaux, bureaux, jeux

⑥ **a.** L' **b.** La **c.** Le **d.** La

⑦ *Le neveu:* Il nipote (di zii); *La femme:* La moglie; *Le fils:* Il figlio; *L'époux:* Il marito; *Les enfants:* I figli; *La tante:* La zia; *La sœur:* La sorella; *L'oncle:* Lo zio

⑧ **a.** C'est la maison de Julie. **b.** Cette maison est à Julie. **c.** Le frère de Murielle s'appelle Mathias. **d.** Cette montre appartient à Camille. **e.** Cette montre est à elle.

⑨ **a.** une **b.** un **c.** Ø **d.** des **e.** Ø **f.** Ø

⑩ **a.** Quel dîner délicieux ! **b.** Ils sont Ø journalistes / Ce sont des journalistes. **c.** Ils ont des arbres dans le jardin. **d.** Nous n'avons pas de crayons (de papier) dans la cuisine. **e.** Elle a une sœur et deux frères.

⑪ **a.** de **b.** de **c.** de la **d.** de **e.** du **f.** Ø

⑫ **a.** J'aime le café avec du sucre et de la crème. **b.** Je voudrais un kilo de cerises, s'il vous plaît. **c.** Il aimerait de la salade, de la viande avec des frites et du gâteau. **d.** Je ne veux pas de glace, merci.

13 b. de la soupe c. des champignons d. des œufs e. du beurre f. du raisin g. de la confiture h. du riz

3. Pronomi

1 a. Il n'en veut pas. b. Sophia n'en boit pas souvent. c. Elles en mangent beaucoup le soir. d. Il n'y en a pas au Canada. e. Ses parents en ont trois. f. Ils en viennent.

2 a. Non ne vuole. b. Sophia non ne beve spesso. c. Ne mangiano molti alla sera. d. Non ce ne sono in Canada. e. I suoi genitori ne hanno tre. f. Ne vengono.

3 1. j'en ai acheté beaucoup 2. Léa en apporte un au chocolat. 3. Je n'en ai pas ! 4. j'en ai quatre bouteilles !

4 a. Elles y ont habité pendant cinq ans. b. Il y en a huit cents (dans mon école). c. Sylvain y pense souvent. d. Il n'y en a pas sur la table. e. Yves et Guillaume y vont.

5 a. en b. en c. y d. y e. en f. y

6 a. È ora! Andiamo! b. Questo esercizio di mate è troppo difficile! Non ci riesco! c. Piove in continuazione! Siamo veramente stufi/e! d. Arnaud ha 26 anni? Ne sei sicura? e. Abbiamo camminato (per) più di due ore! Non ne posso più! f. Valérie si sposa con Alban! Non me l'aspettavo!

7

Bandiere	Masc. Sing.	Femm. Sing.	Masc. Plur.	Femm. Plur.
	Écossais	Écossaise	Écossais	Écossaises
	Russe	Russe	Russes	Russes
	Danois	Danoise	Danois	Danoises
	Finlandais	Finlandaise	Finlandais	Finlandaises
	Corse	Corse	Corses	Corses
	Portugais	Portugaise	Portugais	Portugaises
	Turc	Turque	Turcs	Turques
	Grec	Grecque	Grecs	Grecques
	Luxembourgeois	Luxembourgeoise	Luxembourgeois	Luxembourgeoises
	Suisse	Suisse	Suisses	Suisses
	Autrichien	Autrichienne	Autrichiens	Autrichiennes
	Polonais	Polonaise	Polonais	Polonaises

8 a. Eux b. Toi c. Vous d. Elles e. Moi f. Elle g. Nous

9 a. Écosse b. Suisse c. Pologne d. Turquie e. Portugal f. Russie g. Danemark h. Finlande i. Autriche j. Luxembourg k. Grèce l. Corse

10 a. Elle regarde un film qui raconte la vie d'Édith Piaf. b. Je n'aime pas les robes que vous portez. c. Je ne trouve pas le livre que Sophie veut. d. Il me raconte une histoire qui est très longue. e. Le jouet qui est cassé est à Charlie.

11 a. qui – que – qui = une assiette b. qui – que – qui = un chapeau c. qui – que – que = un stylo / un crayon (de papier) d. qui – qui – qui = une voiture

12 a. Il/Elle chante, ce que je déteste. b. Le garçon qui est dans la cuisine est mon ami. c. Il/Elle pleure, ce qui me rend triste. d. L'histoire qu'il/elle raconte est horrible.

4. L'indicativo imperfetto e il condizionale presente

1 a. commencions ; commençais b. mangeait ; mangions c. étiez d. menaciez e. prononçait ; prononcions f. voyagions ; voyageait

2 a. L'année dernière/passée, il/Ile vivait/habitait à Lyon. b. Ils/Elles allaient au restaurant tous les samedis soir. c. Il faisait très chaud lorsque/quand nous nous sommes réveillés. d. Le docteur/médecin était un homme très sympathique. e. Nous écoutions de la musique lorsque/quand elle est tombée dans les escaliers.

3

	Imparfait	Passé composé
a.	dormais	a éclaté
b.	se vendaient	-
c.	ne tenait pas	a menti
d.	faisait	suis arrivée
e.	était	a coûté
f.	étions	avons décidé

4 a. *Coûter les yeux de la tête* : Costare un occhio della testa; *Dormir à poings fermés* : Dormire della grossa; *Faire la grasse matinée* : Alzarsi tardi; *Faire un froid de canard* : Fare un freddo cane; *Ne pas tenir debout* : Non stare in piedi; *Se vendre comme des petits pains* : Andare a ruba

SOLUZIONI

5 a. ont visité ; faisait/a fait b. regardions ; sont entrés c. suis tombé ; était d. finissait ; a eu e. avais – passais f. a lu

6 a. Hanno visitato la Corsica l'anno scorso. Faceva/Ha fatto molto freddo. b. Guardavamo/ Stavamo guardando la televisione quando sono entrati i ladri. c. Mi sono innamorato di Emma a prima vista. Era così bella con il suo vestito rosso! d. Roland era all'ultimo anno di superiori quando ha avuto l'incidente. e. Quando avevo 12 anni passavo tutti i mercoledì dai nonni. f. Léa ha letto questo libro due anni fa, credo.

7 a. avons passé b. avait c. faisait/a fait d. avait e. était f. ont grandi g. étaient h. avons mangé i. ai pris j. sommes allés k. nous sommes baignés l. nous couchions m. étions

8 a. andare b. correre c. mandare/spedire d. morire e. sapere f. venire

9 a. Il/Elle appellerait Charles. b. Nous saurions/ connaîtrions son nom. c. Vous recevriez une lettre. d. Je ferais un gâteau. e. Ils/Elles achèteraient un cadeau. f. Tu pourrais aller au cinéma.

10 a. Pourriez b. aimerait/voudrait c. voudrais d. Auriez e. aimerions f. Pourrais

11 1. d. 2. a. 3. e. 4. b. 5. c. 6. f.

12 a. achèterais ; gagnais b. étudiait ; réussirait c. voyageriez ; aviez d. étions ; aiderions e. feraient ; dormaient

13 a. Achille jouerait au tennis s'il avait le temps. b. Je serais heureux/heureuse s'il y avait du soleil. c. S'il était plus grand, il pourrait jouer au basket-ball. d. Claire et Laurence aimeraient beaucoup/ adoreraient aller au cinéma si elles avaient le temps. e. Tu partirais maintenant si tu le pouvais !

5. Discorso diretto e discorso indiretto

1 a. DI b. DD c. DI d. DI e. DD

2 a. Tu dis : « Il fait très beau aujourd'hui. » b. Tes parents nous demandent : « Pourquoi portez-vous un chapeau ? » c. Il déclara : « J'ai froid. » d. Nous avons ajouté : « La voiture est au garage. » e. Je dirai : « Nous sommes trop fatigués. »

3

Français	Italiano
Affirmer [afiRme]	Affermare
Ajouter [aʒute]	Aggiungere
Annoncer [anɔ̃se]	Annunciare
Crier [kRije]	Gridare
Déclarer [deklaRe]	Dichiarare
Demander [dəmɑ̃de]	Chiedere
Dire [diR]	Dire
Expliquer [Eksplike]	Spiegare
Insister [Ɛ̃siste]	Insistere
Ordonner [ORdOne]	Ordinare
Répondre [Repɔ̃dR]	Rispondere
Révéler [Revele]	Rivelare

4 a. Il/Elle a répondu qu'il/elle ne le savait pas. b. Il/Elle a ajouté que les billets étaient chers. c. Ils/ Elles ont expliqué que la porte était fermée. d. J'ai crié que je ne viendrais pas. e. Émilie a demandé si nous avions les clés.

5 a. que b. si/pourquoi c. si/pourquoi d. où/ comment e. où/comment f. si/pourquoi

6 a. Julie ha dichiarato che eravamo coraggiosi. b. Florence e Marcel hanno chiesto se/perché avevamo un'auto. c. Camille ha domandato se c'era Jean-François/perché Jean-François era là. d. Ho chiesto dov'era/com'era la sua borsa. e. Ha domandato dove stava andando papà/come stava papà. f. Ho chiesto se/perché eravate in ritardo.

7 a. je ; mes b. il ; sa c. nous ; leurs d. je ; elle ; ses e. elle ; ses

8 1. h. 2. g. 3. n. 4. m. 5. e. 6. o. 7. i. 8. d. 9. p. 10. j. 11. c. 12. b. 13. a. 14. k. 15. f. 16. l.

9 a. Yannick m'a dit qu'il partait le surlendemain. b. Mes parents m'avaient annoncé que nous allions en Italie l'année suivante. c. Marie-France a déclaré qu'elle était allée chez Benoît le mois précédent. d. Xavier m'a demandé où j'étais la veille. e. Suzette a dit qu'elle travaillait à la boulangerie à ce moment-là.

SOLUZIONI

10 a. La prof m'a dit que je devais faire mes devoirs. **b.** Louise a répondu qu'elle ne voulait pas venir avec nous. **c.** Jérémy et Clément ont demandé à quelle heure le train arriverait. **d.** Audrey a admis qu'elle avait mangé trop de chocolat la veille. **e.** Il m'a ordonné de rester à la maison jusqu'au lendemain.

6. Verbi impersonali ed espressioni idiomatiche

1 I verbi sottolineati sono impersonali. Sono chiamati in tale modo perché il soggetto grammaticale (**il**) non si riferisce a una **persona**, a un animale o a un oggetto reali. In francese sono usati alla **terza** persona singolare.

I verbi che seguono gli impersonali possono essere al modo indicativo, infinito o **congiuntivo** (esempio d.). I verbi impersonali possono essere coniugati in vari **tempi** (il faut, il fallait, il faudra).

2 a. Ø **b.** Il faut **c.** Ø **d.** Ø **e.** Il y a **f.** Ø

3 a. Il y a beaucoup d'enfants dans la cuisine. **b.** Il n'y avait pas de professeurs/profs à l'école hier. **c.** Il y aura de la neige ce week-end. **d.** Il y a une robe rose sur mon lit. **e.** Il y avait du gâteau au chocolat à la fête. **f.** Y a-t-il de l'eau dans le frigo ? / Est-ce qu'il y a de l'eau dans le frigo ?

4 a. depuis **b.** il y a **c.** il y a **d.** il y a **e.** depuis **f.** depuis

5 1. d. **2.** b. **3.** f. **4.** a. **5.** c. **6.** e.

6 a. faudrait **b.** a fallu **c.** Faudra **d.** faut **e.** Fallait

7 a. Bisognerebbe finire questo progetto la settimana prossima. **b.** Abbiamo dovuto/È stato necessario chiamare il medico perché stava davvero male. **c.** Dobbiamo portare un sacco a pelo questo weekend? **d.** Dobbiamo sbrigarci se non vogliamo essere in ritardo! **e.** Bisognava chiudere la porta d'ingresso?

8 a. Il est interdit de marcher sur la pelouse. **b.** Il vaut/vaudrait mieux mettre (que tu mettes) un manteau aujourd'hui. **c.** Il s'agit d'une question de grammaire. **d.** Il vaut mieux que tu cuisines ce soir. **e.** Il est nécessaire de/Il faut réserver votre billet de train tôt.

9 1. c. **2.** e. **3.** f. **4.** d. **5.** b. **6.** a.

10 *Il fait beau.* Fa bello; *Il fait mauvais.* Fa brutto; *Il fait frais.* Fa fresco; *Il fait chaud.* Fa caldo; *Il fait doux.* Il tempo è mite; *Il fait froid.* Fa freddo; *Il y a du brouillard.* C'è la nebbia; *Il y a du vent.* C'è il / Tira vento; *Il y a de l'orage.* C'è il temporale; *Il y a du soleil.* C'è il sole.

11 a. Il tempo è orribile. **b.** Il tempo è splendido. **c.** È afoso / C'è afa. **d.** Il cielo è coperto. **e.** È nuvoloso.

12 1. g. **2.** i. **3.** a. **4.** m. **5.** j. **6.** b. **7.** c. **8.** k. **9.** d. **10.** e. **11.** l. **12.** n. **13.** f. **14.** h.

7. Aggettivi e pronomi indefiniti

1 a. 6 **b.** 5 **c.** 1 **d.** 8 **e.** 2 **f.** 3 **g.** 4 **h.** 7

2 a. PR **b.** AGG **c.** PR **d.** AGG **e.** PR

3 a. La sua nuova acconciatura piace a tutti. **b.** Mi sono piaciuti tutti i libri di Marc Levy. **c.** Sono già tutte al ristorante. **d.** Tutta la sala era in silenzio. **e.** Mio cugino ha bevuto tutto!

4 a. tout **b.** Toutes **c.** Tous **d.** Tout **e.** tous/toutes **f.** Tous

5 1. pas du tout **2.** tout à coup **3.** Tout à l'heure **4.** tout à fait **5.** En tout cas **6.** Après tout

6 a. Chaque **b.** chacune **c.** chaque **d.** chacun **e.** chacune

7 a. quelques **b.** autre **c.** mêmes **d.** même **e.** quelque **f.** autres

8 a. personne **b.** quelque chose **c.** quelqu'un **d.** rien **e.** Quelqu'un **f.** rien

9 a. Toutes mes amies sont en vacances. **b.** Il/Elle a mangé tout le gâteau ! **c.** Chaque élève a le même livre. **d.** Fabrice va à la poste plusieurs fois par semaine. **e.** Certaines assiettes sont cassées. **f.** Il y a d'autres verres dans la cuisine.

8. La voce passiva

1 a. a été envoyée **b.** a été préparée **c.** sera accueillie **d.** sont lues **e.** a été écrit **f.** seront arrosés

2 a. passato prossimo **b.** futuro semplice **c.** imperfetto indicativo **d.** passato prossimo **e.** presente indicativo **f.** condizionale presente

SOLUZIONI

3 a. L'artiste peint le paysage. b. Les soldats ont envahi le pays. c. L'architecte construira la cathédrale. d. Le chien mordrait l'enfant. e. L'incendie détruisit la mairie.

4 a. Le vase a été cassé par Anaïs. b. L'accord sera signé demain matin par le Premier ministre / par le Premier ministre demain matin. c. Cette œuvre d'art est créée par l'artiste. d. Les élèves étaient punis par le professeur. e. Cette citadelle fut construite par Vauban.

5 1. f. 2. l. 3. i. 4. a. 5. m. 6. g. 7. p. 8. c. 9. k. 10. o. 11. d. 12. q. 13. n. 14. t. 15. e. 16. h. 17. j. 18. b. 19. r. 20. s.

6 a. par b. de c. de d. par e. de f. par g. de h. d'

7 a. Il est haï de ses collègues. b. Le film sera suivi d'un débat. c. Le chalet est entouré de grands arbres. d. Didier est souvent ignoré de ses cousins. e. La maison est équipée d'un garage.

8 a. C'est Sonia qui a préparé les crêpes. b. Ce sont tes frères qui ont rangé ta chambre. c. C'est toi qui lui offriras son nouveau pantalon. d. C'est Amandine qui a raconté toute la vérité. e. Ce sont les enfants qui ont cassé le vase. f. Ce sont tes rires qui l'ont réveillé.

9 a. On a annulé la pièce de théâtre. b. On a arrêté le voleur. c. On parle le français dans plus de 30 pays. d. On a pris la décision hier soir. e. On néglige l'environnement. f. On a bâti la mairie en 1985.

10 a. Son roman s'est très bien vendu. b. Ce médicament se prendra avec un verre d'eau. c. Le français se parle à Montréal. d. Le vin rouge se boit à température ambiante. e. Elle s'est fait offrir une très jolie bague. f. Cette nouvelle tendance s'observerait / pourrait s'observer à Tokyo.

9. Preposizioni e locuzioni prepositive

1 1. c. 2. g. 3. k. 4. l. 5. b. 6. i. 7. j. 8. f. 9. a. 10. d. 11. e. 12. h.

2 1. g. 2. f. 3. e. 4. a. 5. d. 6. i. 7. c. 8. j. 9. b. 10. h.

3 a. Nous allons à l'école en bus. b. Ce vase a été fait à la main. c. Autrefois, les gens voyageaient à cheval. d. Il/Elle a quitté la pièce en pleurant. e. Iras-tu au Portugal en avion ? f. Il est entré dans la maison avec précaution. g. Je viendrai à la fête avec plaisir.

4 a. de b. pour c. en raison de d. Faute de e. Grâce à f. à force de g. par

5 a. Romain non è triste! Piange di gioia! b. Martine ama questa città per la sua tranquillità. c. Siamo rientrati per via della pioggia. d. Per mancanza di tempo non abbiamo potuto visitare il museo. e. Grazie a Marc ho passato l'esame. f. Guillaume è stato male a forza di mangiare caramelle. g. Si è trasferito in Italia per amore.

6 a. Faute d'argent, ils/elles ne sont pas allé(e)s/parti(e)s en vacances. b. Tous les invités sont arrivés sauf / hormis ma cousine ! c. Malgré la chaleur, mes parents sont allés voir les pyramides. d. Contrairement aux apparences, Sofiane est très généreux. e. Bénédicte a commandé du poisson au lieu du poulet qu'elle commande d'habitude.

7 1. e. 2. f. 3. a. 4. b. 5. c. 6. d.

8 1. Fleur ha preferito andare in macchina per paura che annullassero il treno. 2. Ho risparmiato dei soldi per comprare una macchina. 3. Sébastien porta un berretto al fine di proteggersi dal sole. 4. Mangiamo meno dolci allo scopo di dimagrire. 5. Ha cominciato a correre nel timore di arrivare in ritardo. 6. Mio padre ha accettato questo impiego in vista di un aumento di stipendio.

9 a. pour = scopo b. en = tempo c. en raison de = causa d. En dépit de = opposizione e. à côté de = luogo f. en = modo

10 a. Hormis / Sauf b. sauf / hormis c. en dehors de d. En dépit de e. Contrairement f. au lieu de

10. L'indicativo trapassato prossimo

1 **Être** = J'étais – Tu étais – Il/Elle/On était – Nous étions – Vous étiez – Ils/Elles étaient **Avoir** = J'avais – Tu avais – Il/Elle/On avait – Nous avions – Vous aviez – Ils/Elles avaient

SOLUZIONI

2 R = *Retourner* = Tornare S = *Sortir* = Uscire V = *Venir* = Venire A = *Arriver* = Arrivare N = *Naître* = Nascere D = *Descendre* = Scendere E = *Entrer* = Entrare R = *Rester* = Restare T = *Tomber* = Cadere R = *Rentrer* = Rientrare, Tornare A = *Aller* = Andare M = *Mourir* = Morire P = *Partir* = Partire

3 b. *Mangé* = Mangiato c. *Parti* = Partito d. *Allé* = Andato e. *Fini* = Finito f. *Descendu* = Sceso g. *Né* = Nato h. *Sorti* = Uscito i. *Venu* = Venuto j. *Mort* = Morto k. *Perdu* = Perso l. *Lu* = Letto m. *Fait* = Fatto n. *Pris* = Preso o. *Vendu* = Venduto

4 a. réserver = réservé b. lire = lu c. prendre = pris d. aller = allé e. désobéir = désobéi f. croire = cru

5 a. mangé b. tombés c. jetées d. cassé e. rangée

6 a. avait b. étions c. était d. avaient – avait e. était – avait f. étions

7 a. Nous les avions préparés. b. Papa les avait déjà sorties. c. Je les avais déjà descendus. d. Zita l'avait rentrée. e. Vous les aviez comprises ?

8 a. étions tombé(e)s b. avait porté c. avaient répondu d. étais sorti(e) e. avais pris f. avait pas vendu

9 a. Il était = imperfetto; elle avait mis = trapassato prossimo b. Nadège était restée = trapassato prossimo; la fin du livre était = imperfetto c. La vérité est sortie = passato prossimo; Clément n'avait pas fait = trapassato prossimo d. David avait prétendu = trapassato prossimo; Jérôme est tombé = passato prossimo e. La pluie est venue = passato prossimo; les arbustes avaient commencé = trapassato prossimo

10 a. Era morto dal ridere perché lei aveva messo la maglietta al contrario. b. Nadège era rimasta delusa perché la fine del libro era stata davvero sorprendente. c. La verità è venuta fuori perché Clément non aveva fatto abbastanza attenzione. d. David aveva finto di star male e Jérôme ci è cascato. e. La pioggia è arrivata al momento giusto perché gli arbusti avevano cominciato a deperire.

11. L'indicativo passato remoto e trapassato remoto

1 Je donnai – Tu bus – Il/Elle/On finit – Nous crûmes – Vous vendîtes – Ils/Elles parlèrent

2 a. descendîmes b. virent c. partis d. choisîtes e. rentras f. donna

3 a. Scendemmo velocemente le scale. b. Videro la star del cinema nel caffè. c. Partii verso le 11 per arrivare a Cannes alle 17. d. Sceglieste di andare in Italia anziché in Spagna. e. Tornasti a casa alle 11 di sera! f. Diede il suo cappotto a sua cugina.

4 a. *voir* = vedere b. *mettre* = mettere c. *pouvoir* = potere d. *prendre* = prendere e. *chanter* = cantare f. *oublier* = dimenticare

5 a. Nous choisîmes la montre la plus chère du magasin. b. Je fis une longue promenade dans la forêt. c. Il/Elle alla à Londres et prit le métro. d. Vous cachâtes le chocolat dans le placard. e. Ils/Elles conduisirent jusqu'à Lille. f. Tu bus toute la bouteille d'Orangina® !

6 a. utilisâtes b. sortit c. quittâmes d. amenai e. Conclurent f. dormis

7 a. effaças b. divorcèrent c. voyageâmes d. mélangeai e. dérangeâtes f. menaça

8 a. fûmes b. Eurent c. eûtes d. fus e. eûmes f. furent

9 a. fus allé(e) b. eut craint c. eûmes su d. eurent fini e. eûtes cru f. eus marché g. furent venues h. eut été

10 Vous tîntes – Tu reçus – Je dus – Tu peignis – Je vécus – Tu bus – Ils firent – Vous pûtes – Elles écrivirent – Vous plûtes – Ils moururent – Vous ouvrîtes – Nous prîmes – Elle sut – Nous voulûmes – Il vit – Nous connûmes – Elle construisit

11 <u>déplaçai</u> – <u>fallait</u> – <u>avancer</u> – <u>alerter</u> – <u>aboya</u> – <u>passèrent</u> – <u>observais</u> – <u>prit</u> – <u>trébuchai</u> – <u>rattraper</u> – <u>cognai</u> – <u>tomba</u> – <u>résonna</u> – <u>fit</u> – <u>trembler</u> – <u>avaient</u>

12 1. vinrent 2. courut 3. craignis 4. crûmes 5. dus 6. écrivîtes

13 a. allâmes b. ouvrirent c. crûtes d. reçus e. vins f. vécûmes – eûmes

12. Aggettivi e pronomi dimostrativi

1 a. cette b. ces c. cet d. ce e. Ces f. Cet

2 a. Ces fleurs(-ci) sentent très bon. b. Cet enfant(-là) est grognon. c. J'adore cette chanson. d. Nous détestons ce sujet(-ci). e. Aimerais-tu/Voudrais-tu ce gâteau(-là) ? f. Ces exercices sont si difficiles !

SOLUZIONI

3 **a.** J'ai perdu sa clé hier soir. = poss. **b.** Nous avons dévoré ce délicieux bonbon. = dim. **c.** Noé a terminé ce puzzle très rapidement. = dim. **d.** Vous n'aimez pas son ami(e). = poss. **e.** Gabin a finalement remboursé sa dette. = poss. **f.** Cette moule n'a pas bon goût. = dim.

4 **a.** Ho perso le sue chiavi ieri sera. **b.** Abbiamo divorato quelle deliziose caramelle. **c.** Noé ha finito questi puzzle molto rapidamente. **d.** Non Le/vi piacciono i suoi amici. **e.** Gabin ha finalmente pagato i suoi debiti. **f.** Queste cozze non sono buone.

5 **a.** Celui **b.** Ceux **c.** Celle **d.** Celui **e.** Celles **f.** Celle

6 **a.** Ceux que tu as disputés. **b.** Celle que j'ai achetée. **c.** Celui que nous avons fait au parc. **d.** Celles que tu as achetées. **e.** Ceux que tu as emmenés. **f.** Ceux que tu as pêchés.

7 **a.** accordo **b.** oggetto **c.** dopo **d.** si accorda **e.** complemento **f.** prima **g.** verbo

8 **a.** Ce **b.** Ce sont **c.** Ce sont **d.** C' **e.** C'est **f.** Ce **g.** Ce sont **h.** C'est

9 1. d. 2. e. 3. j. 4. g. 5. i. 6. k. 7. l. 8. b. 9. m. 10. a. 11. f. 12. h. 13. c.

10 **a.** Je vais au cinéma ce soir. Ça te dit ? **b.** L'examen était si facile ! C'est dans la poche ! **c.** Ne sois pas triste ! Viens à Paris avec moi ! Cela te changera les idées ! **d.** Renaud, tu peux aller à l'école à vélo ! Ce n'est pas la mer à boire ! **e.** J'ai détesté ce film ! C'était vraiment nul ! **f.** Arrête de me poser toutes ces questions ! Ce n'est pas tes oignons !

11 **a.** Aller au théâtre **b.** Delphine n'est pas encore rentrée **c.** la couleur orange **d.** Il s'est mis à crier **e.** cette fenêtre brisée **f.** Le racisme

13. L'indicativo futuro semplice e futuro anteriore

1 **a.** rentrerai **b.** mangerez **c.** choisiras **d.** prendrons **e.** passeront **f.** sortira

2 **a.** pêchera **b.** préparerai **c.** partiront **d.** rendrons **e.** achèterez **f.** réfléchiront

3 Je pourrai – Il fera – Nous jetterons – Vous appellerez – Tu mourras – Ils seront – Je viendrai – Elle verra

4 **a.** Il pleuvra demain après-midi. **b.** Nous nettoierons la salle de bain après le dîner. **c.** Tu pourras entrer dans la maison plus tard. **d.** Ils/Elles recevront le colis la semaine prochaine. **e.** J'achèterai un nouveau manteau cet hiver. **f.** Vous saurez si vous avez réussi l'examen en septembre.

5

	1	2	3	4	5	6	7	8	9	10	11	12	13	14
a.	V						A	I	M	E	R	A		
b.	E							O						
c.	R	I	R	A			V	A	U	D	R	O	N	T
d.	R				O		R			B				
e.	O			P			O	U	R	R	O	N	T	
f.	N		L		D		A				I	R	A	I
g.	T	I	E	N	D	R	A	S			E			R
h.		V			E						N			O
i.		S	E	R	E	Z					D			N
j.		R				J	O	U	E	R	O	N	S	
k.		A									A			
l.		I							C	R	I	E	R	A

6 **a.** Si papa arrive à temps il m'accompagnera à l'école. **b.** Je serai/vais être très heureux/se si nous prenons un chien. **c.** Amène la voiture au garage si elle est cassée ! **d.** Si tu as fini tes devoirs tu peux sortir avec Paul. **e.** Si j'ai le temps j'irai à la gym après le travail. **f.** Nous pouvons partir tout de suite, si nous avons tout pris.

7 **a.** aurai nettoyé **b.** aurez appelé **c.** aura sonné **d.** aurons fait **e.** auras expliqué **f.** sera arrivé

8 **a.** sera descendue **b.** auras fini **c.** aura déjeuné **d.** aurons reçu **e.** sera revenue **f.** seront (déjà) partis

9 **a.** pourras ; auras rangé **b.** sera fini ; irons **c.** mangerons ; seront arrivés **d.** prendrai ; aurai finalisé **e.** te coucheras ; se seront (déjà) endormis **f.** auras acheté ; rembourserons

SOLUZIONI

10

Verbo	Futur proche	Futuro semplice	Futuro anteriore
Aimer	Je vais aimer	J'aimerai	J'aurai aimé
Aller	Il va aller	Il ira	Il sera allé
Pouvoir	Vous allez pouvoir	Vous pourrez	Vous aurez pu
Acheter	Elles vont acheter	Elles achèteront	Elles auront acheté
Manger	Vous allez manger	Vous mangerez	Vous aurez mangé
Avoir	Tu vas avoir	Tu auras	Tu auras eu
Faire	Nous allons faire	Nous ferons	Nous aurons fait
Savoir	Elle va savoir	Elle saura	Elle aura su
Être	Je vais être	Je serai	J'aurai été
Envoyer	Tu vas envoyer	Tu enverras	Tu auras envoyé
Tenir	Nous allons tenir	Nous tiendrons	Nous aurons tenu

14. La concordanza dei tempi

1 a. 1. B – 2. A **b.** 1. A – 2. B **c.** 1. A – 2. B **d.** 1. B – 2. A **e.** 1. B – 2. A **f.** 1. A – 2. B

2 a. finisses **b.** fasse **c.** a disparu **d.** voyagions **e.** (ne) parte **f.** (n')éclate

3 1. b. **2.** c. **3.** e. **4.** a. **5.** f. **6.** d.

4 a. serai **b.** se turent **c.** jouait **d.** sors **e.** m'a souri **f.** faisais

5 a. pense **b.** faisait **c.** arrivas / es arrivé(e) **d.** dansent **e.** aperçus / ai aperçu(e) **f.** répondra

6 a. Il/Elle regarde la télévision pendant qu'il/elle travaille. **b.** Le téléphone a sonné au moment où il est sorti. **c.** Il y eut un tremblement de terre pendant qu'ils/elles étaient à la plage. **d.** Quand il fait beau, je vais au bureau à pied. **e.** Julien écoutera de la musique pendant qu'il prendra sa douche. **f.** J'aimerai Marc aussi longtemps que je vivrai.

7 a. futuro semplice (2); futuro anteriore (1) **b.** passato prossimo (1); presente (2) **c.** futuro semplice (2); futuro anteriore (1) **d.** trapassato remoto (1); passato remoto (2) **e.** trapassato prossimo (1); imperfetto (2) **f.** presente (2); passato prossimo (1)

8 a. avons mangé = passato prossimo **b.** as parlé = passato prossimo **c.** avais perdues = trapassato prossimo **d.** étiez parti(e)(s) = trapassato prossimo **e.** as aimée = passato prossimo **f.** se réveille = congiuntivo presente

9 a. Je joue au football quand/lorsque j'ai fini mes devoirs. **b.** Tu iras chez ton ami quand/lorsque tu auras rangé ta chambre. **c.** Nous regardâmes la télévision aussitôt qu'elle / dès qu'elle fut partie. **d.** Antoinette se brossera les dents quand/lorsqu'elle aura fini son dîner. **e.** Je lui racontais ce que j'avais vu. **f.** Il répondait à la question qu'ils/elles lui avaient posée.

10 a. S **b.** P **c.** A **d.** S **e.** A **f.** P **g.** S

11 a. serait restée **b.** auraient regardé **c.** aurais dit **d.** seraient rentrées **e.** n'aurait pas révélé **f.** auriez aimé

12 a. auras > futuro semplice **b.** faisiez > imperfetto **c.** ne se serait pas ennuyée > condizionale passato **d.** pourraient > condizionale presente **e.** n'aurait pas rencontré > condizionale passato **f.** n'as pas > presente

13 1. b. **2.** d. **3.** a. **4.** f. **5.** c. **6.** e.

15. Ripasso

1 a. 4 **b.** 6 **c.** 1 **d.** 3 **e.** 5 **f.** 2

2 a. Emma et Jules n'ont pas d'animaux domestiques. **b.** Lucas est un enseignant extraordinaire ! **c.** Les parents de Nabil sont musulmans. **d.** Mila et Enzo ont des jeux très intéressants. **e.** J'ai vu une énorme araignée dans le garage ! **f.** Clara a reçu un nouveau portable pour son anniversaire. Quelle chance !

3 a. Louis est l'oncle de Nicolas. **b.** Gabrielle est la sœur de Nicolas. **c.** Iris est la tante de Nicolas. **d.** Michelle est la grand-mère de Nicolas. **e.** Léa est la cousine de Nicolas. **f.** Iris est la fille de Juliette. **g.** Rémi est le mari de Fabienne. **h.** Iris est la femme d'Hugo. **i.** Nicolas est le petit-fils d'André.

4 a. F 4 **b.** M 6 **c.** F 7 **d.** M 5 **e.** F 2 **f.** M 1 **g.** F 3

5 a. des **b.** de la **c.** du **d.** de l' **e.** De la **f.** de la **g.** du

6 a. En Australie ? Non, je n'y suis pas allé(e). **b.** Du café ? Oui, ils en veulent. **c.** Des animaux domestiques ?

Non, nous n'en avons pas. **d.** Au cinéma ? Oui, nous voulons y aller. **e.** Des chemises ? Oui, j'en ai acheté. **f.** À Paris ? Non, elle n'y est pas allée.

7 a. J'en ai marre d'entendre mon voisin jouer du trombone. **b.** La voiture est rayée ? Je n'y suis pour rien ! **c.** Ce tournoi va être facile ! La partie ? C'est dans la poche ! **d.** Allez Romane ! Cette dissertation ? Ce n'est pas la mer à boire ! **e.** Ce nouveau canapé est si confortable ! C'est vraiment le pied ! **f.** Cette recette est si compliquée. Ce n'est vraiment pas de la tarte…

8 a. finlandais = finlandese/i = MS/MP **b.** autrichienne = austriaca = FS **c.** danoises = danesi = FP **d.** écossais = scozzese/i = MS/MP **e.** suisses = svizzeri/e = MP/FP **f.** grecque = greca = FS

9 a. que **b.** ce qui **c.** qui **d.** ce que **e.** ce qui **f.** que

10 a. avait (imperfetto) ; ferait (condizionale) **b.** n'auraient pas (condizionale) ; allions (imperfetto) **c.** viendrait (condizionale) ; avait (imperfetto) **d.** étais (imperfetto) ; vendrais (condizionale) **e.** serait (condizionale) ; buvait (imperfetto) **f.** mangeraient (condizionale) ; pouvaient (imperfetto)

11 a. Tu mangeais un sandwich lorsque/quand je suis arrivée. **b.** Il pleuvait lorsque/quand Thomas a appelé/téléphoné. **c.** Elle est allée à la fête pendant que ses parents dormaient. **d.** Léa était dans le jardin lorsque/quand j'ai cassé son vase. **e.** Comme il faisait beau, nous sommes allés faire une promenade dans le bois. **f.** Papa avait 40 ans lorsque/quand je suis né.

12 a. Ma sœur m'a demandé si j'avais fini mes devoirs pour le lendemain. **b.** Inès a répondu qu'elle préférait rester à la maison le week-end suivant / ce week-end-là. **c.** Alexa admit qu'elle n'était pas vraiment / n'avait pas vraiment été malade le jour précédent. **d.** Valentin et Sarah ont annoncé qu'ils se mariaient/marieraient l'année suivante. **e.** Son père lui a ordonné de ranger sa chambre immédiatement. **f.** J'ai aussitôt ajouté que je ne voulais pas de garçons à ma fête.

13 a. Il n'y a pas de fumée sans feu = Non c'è fumo senza arrosto. **b.** Il ne faut pas vendre la peau de l'ours avant de l'avoir tué. = Non vendere la pelle dell'orso prima di averlo ucciso. **c.** Rien ne sert de courir, il faut partir à point. = Chi va piano, va sano e va lontano. **d.** Le jeu n'en vaut pas la chandelle. = Il gioco non vale la candela.

14 a. Personne **b.** aucune **c.** plusieurs **d.** Tous **e.** chacun **f.** Toutes

15 a. de **b.** par **c.** par **d.** de **e.** d' **f.** d'

16 a. Les élèves apprécient beaucoup leur professeur. **b.** Des étudiants ont écrit ce livre. **c.** Marie-Pierre a préparé cette salade de pommes de terre. **d.** De très jolies guirlandes couvrent le sapin de Noël. **e.** Un sujet précède le verbe.

17 a. en **b.** à **c.** à **d.** en **e.** par **f.** à

18 a. avait attendu **b.** était arrivé **c.** étaient partis **d.** avions enregistré **e.** avais acheté **f.** étaient montées

19 a. était **b.** étaient **c.** vint **d.** appela **e.** était **f.** fut **g.** décidèrent **h.** avait entendu **i.** se leva **j.** se rendit **k.** ramassa **l.** cacha **m.** abandonnèrent **n.** avaient prévu **o.** réalisèrent **p.** avaient disparu **q.** se mirent **r.** avait laissé **s.** put

20 a. fut terminé **b.** eûmes fini **c.** eûtes gagné **d.** furent partis **e.** eurent entendu **f.** fut arrivée

21 a. Celles **b.** celui **c.** cette **d.** Cet **e.** ces **f.** Celle **g.** ce **h.** Ceux

22 a. pourra ; aura fini **b.** irez **c.** choisirai **d.** Voudras **e.** aurons rangé ; rentreras **f.** arrivera ; sera (déjà) parti

23 a. ailles **b.** aient **c.** soit partie **d.** veniez **e.** ait rangé **f.** puisses **g.** choisisse

24 a. Après que **b.** avant que **c.** aussitôt que **d.** Dès que **e.** le temps que **f.** Aussitôt que **g.** jusqu'à ce que **h.** dès que **i.** au moment où **j.** pendant que

AUTOVALUTAZIONE

Bravissimi, avete completato il quaderno di esercizi! Ora è arrivato il momento di stabilire il livello di conoscenza linguistica raggiunto. Indicate il numero di icone ottenuto al termine di ciascun capitolo. La somma di tutte le icone per colore vi darà il risultato finale!

Capitolo	🙂	😐	☹️	Capitolo	🙂	😐	☹️
1. Pronuncia e punteggiatura				10. L'indicativo trapassato prossimo			
2. Nomi e articoli				11. L'indicativo passato remoto e trapassato remoto			
3. Pronomi				12. Aggettivi e pronomi dimostrativi			
4. L'indicativo imperfetto e il condizionale presente				13. L'indicativo futuro semplice e futuro anteriore			
5. Discorso diretto e discorso indiretto				14. La concordanza dei tempi			
6. Verbi impersonali ed espressioni idiomatiche				15. Ripasso			
7. Aggettivi e pronomi indefiniti							
8. La voce passiva							
9. Preposizioni e locuzioni prepositive							

🙂 😐 ☹️

Totale, somma di tutte le icone ....

Avete ottenuto la maggioranza di...

Complimenti!
Padroneggiate la lingua con scioltezza e siete pronti per passare al livello superiore!

Niente male! Ma potete ancora migliorare! Rifate gli esercizi in cui avete incontrato difficoltà dando un'occhiata alle spiegazioni nel capitolo corrispondente!

Riprovate! Siete un po' arrugginiti… Riprendete in mano il quaderno e, prima di rifare gli esercizi, leggete con attenzione ciascun capitolo.

Realizzazione grafica: Lunedit
Immagini d'archivio: Fotolia, Shutterstock, Vecteezy

Titolo dell'opera originale:
Workbook French - Intermediate
© Assimil France 2019

ISBN: 978-88-85695-42-9   © Assimil Italia 2021

Stampato in Italia - Maggio 2021
Stamperia Artistica Nazionale S.p.A. - Trofarello (TO)